BEI GRIN MACHT SICH IH
WISSEN BEZAHLT

- Wir veröffentlichen Ihre Hausarbeit,
  Bachelor- und Masterarbeit

- Ihr eigenes eBook und Buch -
  weltweit in allen wichtigen Shops

- Verdienen Sie an jedem Verkauf

**Jetzt bei www.GRIN.com hochladen
und kostenlos publizieren**

Kai Pohl

Das Problem des Handlungsreisenden. Ein Kompendium

Traveling Salesman Problem. A Compendium

GRIN Verlag

Bibliografische Information der Deutschen Nationalbibliothek:

Die Deutsche Bibliothek verzeichnet diese Publikation in der Deutschen National-
bibliografie; detaillierte bibliografische Daten sind im Internet über http://dnb.d-
nb.de/ abrufbar.

Impressum:

Copyright © 2013 GRIN Verlag, Open Publishing GmbH
Druck und Bindung: Books on Demand GmbH, Norderstedt Germany
ISBN: 978-3-656-55316-8

Dieses Buch bei GRIN:

http://www.grin.com/de/e-book/265472/das-problem-des-handlungsreisenden-ein-
kompendium

GRIN - Your knowledge has value

Der GRIN Verlag publiziert seit 1998 wissenschaftliche Arbeiten von Studenten, Hochschullehrern und anderen Akademikern als eBook und gedrucktes Buch. Die Verlagswebsite www.grin.com ist die ideale Plattform zur Veröffentlichung von Hausarbeiten, Abschlussarbeiten, wissenschaftlichen Aufsätzen, Dissertationen und Fachbüchern.

Besuchen Sie uns im Internet:

http://www.grin.com/

http://www.facebook.com/grincom

http://www.twitter.com/grin_com

LEUPHANA
UNIVERSITÄT LÜNEBURG

Studienabschlussarbeit zum Bachelor Of Science -

Wirtschaftsinformatik

„Das Problem des Handlungsreisenden – ein Kompendium"
„Traveling Salesman Problem – a compendium"

Vorgelegt von:

Kai Pohl

Vorgelegt zum:

18. September 2013, Sommersemester ´13

Inhaltsverzeichnis

1. Einleitung und Motivation dieser Arbeit 1

2. Definitionen, Konventionen, Begriffe und Problemstellung des TSP 2

   2.1. Aktuelle Ergebnisse und Rekorde - Die Geschichte des TSP....................4

   2.2. Einordnung des TSP..7

      2.2.1. Komplexitätstheorie...7

      2.2.2. Entscheidungs- und Optimierungsproblem 8

      2.2.3. TSP in NP und NP-schwere des Problems 9

   2.3. Asymmetrisches, symmetrisches und metrisches TSP...............................10

   2.4. Hamiltonischer Kreis (Hamiltonkreis) und Euler Weg 11

   2.5. Multiple-TSP (mTSP) und Vehicle Routing Problem (VRP)........................12

3. TSP exakt lösen 13

   3.1. Brute Force 13

   3.2. Dynamische Programmierung 14

   3.3. Branch and Bound 15

4. Approximierbarkeit des TSP..17

   4.1. Nearest Neighbor und Greedy 17

   4.2. Insertion Heuristiken 21

   4.3. Minimum Spanning Tree (MST)..26

   4.4. Christofides...29

   4.5. K-Opt Verbesserungsverfahren 32

   4.6. Lin-Kernighan (LK) und Lin-Kernighan-Helsgaun (LKH)............................34

5. Fazit und Ausblick 38

7. Literaturverzeichnis 39

8. Abbildungsverzeichnis...41

1. Einleitung und Motivation dieser Arbeit

Ein Handlungsreisender soll eine gewisse Anzahl von Kunden in verschiedenen Städten besuchen, in jeder Stadt einen Kunden, und anschließend zum Ausgangspunkt zurückkehren. Doch wie ist diese Reise zu wählen, sodass der Handlungsreisende den möglichst kürzesten Gesamtweg beschreitet? Diese Fragestellung wird als das Problem des Handlungsreisenden bzw. das Traveling Salesman Problem (kurz TSP) bezeichnet.

Diese etwas einfache Beschreibung trifft die Gesamtheit des Problems aber bei weiten nicht. Bei dem Problem des Handlungsreisenden handelt es sich um ein Minimierungsproblem aus dem Bereich der theoretischen Informatik. Genauer gesagt gehört es zu einer sehr wichtigen Klasse der theoretischen Informatik; den sogenannten NP-vollständigen Problemen, für die keine effizienten und exakten Lösungsverfahren existieren bzw. existieren können (unter der Annahme das $P \neq NP$ gilt).

Intuitiv kann ein Mensch mit Blick auf eine Karte und einer geringen Anzahl an Städten, die es für eine Rundreise zusammenzuführen gilt, eine gute, gar optimale, Lösung sehen. Dieses gilt aber nicht für Maschinen und Softwareprogramme, denn diese können die Gesamtheit nicht wie ein Mensch begreifen. Somit müssen andere, konkretere, Lösungen genutzt werden.

Ziel dieser Arbeit ist es, einen Überblick über die Geschichte, Definition und Arten des Problems des Handlungsreisenden zu geben. Die Einordnung in der theoretischen Informatik zu klassifizieren und zu beschreiben sowie eine ausführliche Übersicht und Beschreibung von bekannten exakten und annähernden Lösungsverfahren zu geben. Ziel soll ein Kompendium für das Problem des Handlungsreisenden sein.

Für diese Arbeit wird vorausgesetzt, dass der Leser grundlegende Kenntnisse der Mathematik, Graphentheorie und theoretischen Informatik besitzt.

2. Definitionen, Konventionen, Begriffe und Problemstellung des TSP

Als erster Schritt soll das Problem des Handlungsreisenden allgemein und mathematisch beschrieben werden. Des Weiteren bietet dieses umfangreiche Problem eine Vielzahl an Begrifflichkeiten, die miteinander verknüpft werden sollen.

Bei dem Traveling Salesman Problem handelt es sich um ein Rundreiseproblem. Es wird nach einer Rundreise (auch Tour genannt) für eine unbestimmte endliche Anzahl an Städten gesucht. Diese Anzahl wird mit n bezeichnet. Bei dieser Rundreise handelt es sich um eine Reise von einem Ort über mehrere andere Orte zurück zum Ausgangsort, wobei jede Stadt nur einmal besucht wird. Gesucht wird dabei nach der kleinsten bzw. kürzesten Rundreise. Diese wird optimale Rundreise oder optimale Tour genannt. Eine Rundreise heißt dann optimal, wenn es keine weitere Tour gibt, die eine kleinere Kantensumme besitzt. Ein Optimum und die Abweichung zu dem Optimum können mithilfe einer unteren Schranke bestimmt werden. Diese untere Schranke gibt den Wert einer optimalen Lösung an, welcher z.B. durch das reine Addieren aller kürzesten Strecken erzeugt werden kann. Hat ein vorliegendes TSP z.B. die untere Schranke von insgesamt 100 Einheiten und eine gefundene Lösung erbringt 110 Einheiten, dann liegt diese Lösung 10% vom Optimum entfernt. Die obere Schranke hingegen kann auch als Worst-Case-Wert betrachtet werden, denn dieser gibt, z.B. für Näherungslösungen an, welcher Wert durch ein entsprechendes Verfahren schlechtesten falls ausgegeben werden kann. Diese Problemstellung ist nicht nur auf Städte und deren Entfernung begrenzt, sondern überträgt sich auch auf viele andere Bereiche. In der Praxis findet das Problem des Handlungsreisenden z.B. Relevanz bei Postdienstleistern, Kunden- und Pannendiensten oder der Software für Navigationshilfen. Mit Städten und Entfernungen können aber auch, z.B. in der Fertigungsindustrie von Mikrochips bzw. Platinen, Löcher und Verbindungen gemeint sein und je nach Anwendungsbereich können damit Entfernungen u.a. im Kontext von Preis- oder Zeitspanne definiert werden.

Es soll eine Reise zwischen zehn verschiedenen Städten stattfinden. Bennen wir diese Städte A B C D E F G H I J. Von der letzten Stadt soll es zurück zur ersten Stadt gehen um die Rundreise zu schließen. Es kann dieselbe Tour in zehn verschiedenen Arten aufgezeichnet werden, je nachdem mit welcher Stadt angefangen wird. Daher wird eine Stadt, hier Stadt A, als Startpunkt ausgesucht.

Somit bleiben für die Wahl der zweiten Stadt neun mögliche Kandidaten übrig, für die dritte Stadt dann nur noch acht Möglichkeiten usw. Damit haben wir $9 \times 8 \times 7 \times 6 \times 5 \times 4 \times 3 \times 2 \times 1$ mögliche Touren zu beachten. Somit handelt es sich um die Permutation von neun Objekten → der Fakultät von 9 (9!). Dadurch kann die allgemeine Aussage von $(n-1)!$ mögliche Touren gemacht werden. Das n steht für die zu besuchenden Städte und die -1 für die festgelegte Startstadt. Bei dieser Rundreise über zehn verschiedene Städte ergeben sich demnach 362.880 mögliche Touren. I.d.R. und beim, bzw. gerade durch, das symmetrischen TSP (siehe 2.3.) werden diese Möglichkeiten halbiert, da die Reise A B C D E F G H I J die gleiche Reise wie dessen Umkehrung J I H G F E D C B A darstellt. Dadurch entstehen $\frac{1}{2} \times (n-1)!$ Möglichkeiten für eine Rundreise. [COO01, Seite 2-3]

Bei der mathematischen oder auch grafischen Beschreibung geschieht die Modellierung durch Graphen. Städte werden Knoten genannt und bei Strecken zwischen diesen Knoten handelt es sich um Kanten. Eine Kante (i,j) zwischen zwei Knoten i und j hat die Größe $c_{ij} \geq 0$ (c steht für costs, zu Deutsch Kosten) und kann für diverse Einheiten stehen. Damit wird festgelegt, dass eine Kante einen positiven Wert haben muss. Oft wird in Bezug auf die Länge einer Kante auch von dem Gewicht einer Kante gesprochen. [STEI01]

Eine passende Beschreibung ist eine Definition nach [HOF01, Seite 287]:

> „$G = (V, E, w)$ ist ein gewichteter ungerichteter Graph mit der Knotenmenge $V = \{v_1, ..., v_n\}$, bestehend aus n Knoten und der Kantenmenge $E \subseteq V \times V$; die Funktion $w: E \rightarrow R_{\geq 0}$ gibt jeder Kante $e \in E$ ein nichtnegatives Gewicht".

Um Lösungsverfahren effektiv vergleichen zu können, müssen den Verfahren, z.B. auch für TSP Wettbewerbe, Probleminstanzen zu Grunde liegen, anhand denen die Qualität und der Erfolg einer Methode objektiv beurteilt werden kann. Solch eine offizielle Zusammenstellung von TSP Probleminstanzen bietet die „TSPLIB" mit derzeit 144 Beispielinstanzen. Diese Ansammlung beinhalten kleine Instanzen mit z.B. 16 oder 42 Knoten, aber auch größere Instanzen mit 85.900 Punkten. Diese Instanzen sind frei verfügbar und können mit dem Computerprogramm „Concorde" betrachtet und gelöst werden. In Concorde sind einige Verfahren integriert, wie z.B. der Minimum Spanning Tree, Nearest Neighbor oder Lin-Kernighan. Um aber z.B. für den größten und aktuellsten TSP Wettbewerb, dem

„World TSP", alle 1.904.711 Städte originalgetreu mit korrekten Entfernungen untereinander zusammenzustellen, wird auf Daten von geographischen und topographischen Behörden, wie der „National Imagery and Mapping Agency" oder des „Geographic Names Information System" zugegriffen. [COO02] [COO01, Seite 82-84] [REI01] [REI02]

Wegen dem Ursprung und der generellen Benutzung wird in dieser Arbeit überwiegend von Städten/Knoten, Strecken/Kanten und Gewichten gesprochen. Des Weiteren werden in den meisten der später folgenden Beispielen und deren Grafiken auf Gewichte von Kanten verzichtet und die Vorgehensweisen durch eindeutige optische Schlussfolgerungen zur Lösung durch ein bestimmtes Verfahren genutzt.

2.1. Aktuelle Ergebnisse und Rekorde - Die Geschichte des TSP

Die allgemeine Form des TSP und dessen Herausforderung wurden im Jahr 1930 von dem österreichischen Mathematiker Karl Menger bekannt gemacht. Er war der Erste, der die Aufmerksamkeit der mathematischen Gemeinschaft auf dieses Problem lenkte und somit animierte, Lösungen zu finden. [COO01, Seite 2]

Das eigentliche Problem des Handlungsreisenden existiert aber bereits länger. So wurde eine sogenannte „Commis Tour", welche eine Städtereise in Deutschland von 33 Städten umfasst, in einem Buch „tips for salesman" im Jahr 1832 beschrieben. [COO01, Seite 14]

In der nachfolgenden Aufstellung sind die wichtigsten Meilensteine und Weltrekorde des TSP zusammengetragen.

Jahr	Forschungs Team	Instanzgrößen	Projektname
1954	G. Dantzig, R. Fulkerson, and S. Johnson	49 Städte	dantzig42
1971	M. Held and R.M. Karp	64 Städte	64 zufällige Punkte
1975	P.M. Camerini, L. Fratta, and F. Maffioli	67 Städte	67 zufällige Punkte
1975	G. Dantzig et al.	80 Städte	80 zufällige Punkte
1977	M. Grötschel and M.W. Padberg	120 Städte	gr120
1980	H. Crowder and M.W. Padberg	318 Städte	lin318
1987	M. Padberg and G. Rinaldi	532 Städte	att532
1987	M. Grötschel and O. Holland	666 Städte	gr666
1987	M. Padberg and G. Rinaldi	2.392 Städte	pr2392
1992	W.J. Cook and V. Chvátal	3.038 Städte	cv3038
1994	D. Applegate, R. Bixby, V. Chvátal, and W.J. Cook	7.397 Städte	pla7397
1998	D. Applegate, R. Bixby, V. Chvátal, and W.J. Cook	13.509 Städte	usa13509
2001	D. Applegate, R. Bixby, V. Chvátal, and W.J. Cook	15.112 Städte	d15112
2001	W.J. Cook et al. (Projektgründer)	1.904.711 Städte	World TSP
2004	D. Applegate, R. Bixby, V. Chvátal, W.J. Cook and K. Helsgaun	24.978 Städte	sw24798
2006	D. Applegate, R. Bixby, V. Chvátal, W.J. Cook, D. Espinoza, M. Goycoolea and K. Helsgaun	85.900 Städte	pla85900
2009	Yuigi Nagata (bestes Ergebnis), Robert Bosch (Projektgründer)	100.000 Städte	Mona Lisa TSP
2011	K. Helsgaun (neuester Rekord, liefert seit 2003 die besten Ergebnisse)	1.904.711 Städte	World TSP

Abbildung 1 – Tabellarische Historie des TSP

So gab es immer wieder mal Herausforderungen bzw. gestellte Aufgaben über eine zu lösende Städtereise. Hier ist als erstes die Herausforderung „Drummer´s Delight" zu nennen, welche einen kürzesten Weg zwischen 50 Städten in den USA forderte und seit Mitte der 1930er Jahre in mathematischen Kreisen kursierte.

G. Dantzig, R. Fulkerson und S. Johnson lösten diese Aufgabe innerhalb von wenigen Wochen mit Hilfe einer Anwendung der linearen Programmierung und setzten 1954 mit einer Tour von 49 Städten den ersten Meilenstein der TSP Rekorde. Im Jahr 1962 forderte das Unternehmen „Procter & Gamble" in den USA unter dem Namen „Car 54" dazu auf, eine Reise mit 33 Städten in den Vereinigten Staaten von Amerika zu lösen. Hierbei gab es ein Preisgeld in Höhe von 10.000$ zu gewinnen. Das Team um Dantzig verpasste diese Herausforderung aber und somit boten R.M. Karp und G. Thompson die beste Lösung für diese Problemstellung. R.M. Karp und sein IBM Kollege M. Held stellten mit ihrem Algorithmus im Jahr 1971 mit 64 Städten den nächsten Rekord auf, welcher aber 1975 von Dantzig et al. mit einer neuen Variante der ursprünglichen Lösungsvorlage und einer Gesamtanzahl von 80 Städten abgelöst wurde. Ab 1977 begannen die beiden Mathematiker M. Grötschel und M.W. Padberg für die nächsten 15 Jahre die TSP Szene zu dominieren, indem sie, bzw. M. Grötschel in seiner Doktorarbeit, eine optimale Tour von 120 Städten in Deutschland präsentierten. Das Jahr 1987 war ein herausragendes Jahr für das Problem des Handlungsreisenden. In diesem Jahr wurden mehrere und vor allem große Meilensteine gesetzt. M. Grötschel und O. Holland in Bonn und M.W. Padberg und G. Rinaldi in New York lösten Rundreisen von 532 Städten in den USA, 666 Städten weltweit und ein 1.002, sowie ein 2392 „Städte" Bohrproblem optimal. Die beiden zuletzt genannten Ergebnisse beziehen sich nicht auf reale Städte, sondern auf Bohrpunkte in einer Platine. So wird oftmals der Begriff „Stadt" weiterverwendet, obwohl es sich nicht mehr um eine reale Stadt handelt. 1988 fingen William J. Cook und V. Chvátal an, sich mit dem Thema des TSP zu befassen und konnten mit der Hilfe von parallel laufenden Computern ein 3.038 „Städte" Bohrproblem lösen. Diese beiden Namen, und vor allem W.J. Cook, sollten ab dem Zeitpunkt bis heute in Verbindung mit dem TSP gebracht werden. Nachdem weitere und wesentlich höhere Städtereisen optimal gelöst wurden, rief W.J. Cook et al. 2001 das Projekt „World TSP" ins Leben, bei der eine optimale Rundreise um die gesamte Welt, mit insgesamt 1.904.711 aller als bewohnt registrierten Dörfern und Städten und zu den Forschungseinrichtungen in der Antarktis, das Ziel ist. Seit 2003 ist Keld Helsgaun mit einer Variante seines heuristischen Algorithmus „LKH" Rekordhalter dieser Herausforderung und hat zuletzt am 25. Oktober 2011 zum sechsten Mal sein Ergebnis verbessert. Aktuell liegt seine Tour bei 7.515.778.188 Metern und weicht somit von dem möglichen Optimum 7.512.218.268 Metern nur 0,0476% ab. Die mögliche optimale Tour wurde als untere Grenze dieser Rundreise mit Concorde am Computer ermittelt. Eine weitere aktuelle Herausforderung, die auch mit einem monetären Anreiz versehen ist, ist das 100.000 Städte „Mona Lisa TSP". Robert Bosch entwickelte diese Aufgabe im Februar 2009 um eine weiterführende Linie zu erschaffen, die das berühmte Gemälde von Da Vinci zeichnet. Eine nur 0,003% größere Tour als die optimale Rundreise wurde bereits von Yuichi Nagata gefunden.

Wer aber eine bessere oder gar die optimale Tour lösen kann, hat die Möglichkeit auf den Gewinn in Höhe von 1.000$. [COO01, Seite 1-18] [COO02] [COO03]

2.2. Einordnung des TSP

In diesem Kapitelabschnitt sollen grundlegend die Themen der Komplexitätstheorie, Entscheidungs- und Optimierungsprobleme aufgegriffen und deren Zusammenhang zum Problem des Handlungsreisenden erläutert werden, um anschließend die Einordnung dieses Problems durchzuführen.

2.2.1. Komplexitätstheorie

Bei der Komplexitätstheorie werden die Komplexitätsklassen betrachten, um herauszufinden wie hoch der Bedarf einer bestimmten Ressource bei einem Verfahren, z.B. ein Algorithmus, ist. Bei dem Problem des Handlungsreisenden wird die Zeitkomplexität betrachtet, da die Zeit diese bestimmte Ressource darstellt. Ein Beispiel für eine andere Art wäre z.b. die Speicherplatzkomplexität. Als nächstes werden die Klassen P (deterministisch polynomiell), P steht für polynomiell, und NP (nicht deterministisch polynomiell), NP steht für nicht polynomiell, betrachtet.

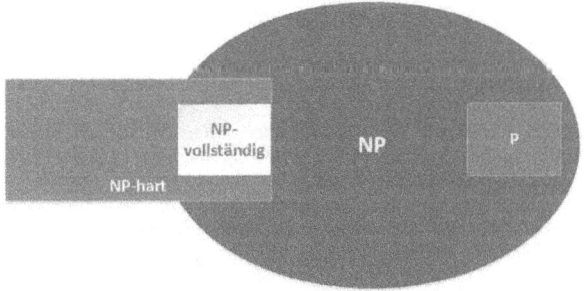

Abbildung 2 – P-NP Darstellung

Die Klasse NP umfasst die Menge aller Probleme die mit einer nicht deterministischen Turingmaschine (kurz NDTM) in Polynomialzeit gelöst werden können und nicht mit einer deterministischen Turingmaschine (kurz DTM). Die Klasse P kann sowohl mit einer NDTM, als auch mit einer DTM in Polynomialzeit gelöst werden, daher liegt P in NP. Probleme die in NP liegen, und nicht in P, können noch weiter als NP-vollständig deklariert werden. Zudem gibt es noch die Unterteilung in NP-hart (auch als NP-schwer bekannt), welches außerhalb von NP liegt, aber auch NP-vollständig beinhaltet. Die NP-Vollständigkeit gilt, wenn eine Sprache NP-hart ist und zudem aber auch selbst ein Element von NP ist. Ein Problem ist NP-hart wenn sich jede Sprache aus NP auf diese Sprache, dieses Problem, reduzieren lässt. [HOF01, Seite 209-228] [SÖG01, Seite 143-151]

2.2.2. Entscheidungs- und Optimierungsproblem

Das Entscheidungsproblem verlangt nach einer Entscheidung, also einem „Ja" oder „Nein" bzw. „Wahr" oder „Falsch". Durch eine zulässige Eingabe und einen Vergleichswert kann ein Entscheidungsalgorithmus dann ein „Ja", Lösung $\geq$ Vergleichswert, oder ein „Nein", Lösung $<$ Vergleichswert, ausgeben. Bei dem Optimierungsproblem hingegen wird nach einer optimalen Lösung gesucht indem ein zulässiger Eingabewert in einen Optimierungsalgorithmus eingegeben wird und eine optimale Lösung, welche in den zulässigen Lösungen enthalten und Wert der Zielfunktion ist, ausgegeben wird. [HOF01, Seite 202-205]

Betrachtet werden sollen folgende drei Varianten von einem Problem des Handlungsreisenden:

(1) Existiert eine Tour mit bestimmten Kosten $\leq c$? (Entscheidungsproblem)

(2) Wie groß ist c bei einer optimalen Tour? (Optimierungsproblem 1)

(3) Lässt sich eine optimale Tour finden? (Optimierungsproblem 2)

, so würde vermutet werden, dass diese unterschiedlich schwer zu lösen sind. Da aber der Satz:

> *"Das zu einem Optimierungsproblem π zugehörige Entscheidungsproblem π_{ENT} ist im Wesentlichen zeitlich nicht aufwendiger zu lösen als das Optimierungsproblem. Falls man andererseits bereits weiß, dass das Entscheidungsproblem π_{ENT} immer nur ‚schwer lösbar' ist, z.B. beweisbar nur Lösungsalgorithmen mit exponentiellem Laufzeitverhalten besitzt, dann ist das Optimierungsproblem ebenfalls nur ‚schwer lösbar'." [HOF01, Seite 204]*

gilt, existieren Reduktionen der drei Varianten aufeinander und es ergibt sich eine Äquivalenz zwischen Entscheidungs- und Optimierungsproblem → (1) ↔ (2) ↔ (3). Ist somit eine dieser Varianten in Polynomialzeit lösbar, so sind es auch die anderen beiden. Zudem bedeutet dies, dass die Laufzeit eines Optimierungsproblems die gleiche Laufzeit wie die des dazugehörigen Entscheidungsproblems besitzt. Scheinbar gilt (1) → (2) → (3), wenn es einen Algorithmus gibt, der Problemvariante (1) in Polynomialzeit löst. Dann kann dadurch ein weiterer Algorithmus Variante (2) auch in polynomieller Zeit lösen. Ein weiterer Algorithmus benutzt auch einen bekannten poylnomiellen Algorithmus für (2) (wie den Algorithmus um (1) zu lösen) um Problem (3) zu lösen. Diese Vorgehensweise kann auch umgekehrt umgesetzt werden, sodass mit dem Optimierungsverfahren begonnen wird. In diesem Beispiel mit (3) → (2) → (1), denn wenn es einen Algorithmus gibt, der in polynomieller Zeit eine optimale Tour bestimmt (3), dann kann dieser auch einen direkten Wert bestimmen und somit (2) und (1) lösen. Löst ein Algorithmus (2), kann die erhaltene Lösung mit dem Vergleichswert c zur Lösung von (1) genutzt werden. [HOF01, Seite 205-209] [WEI01, Seite 7-8]

2.2.3. TSP in NP und NP-schwere des Problems

Die nachfolgende Abbildung zeigt einen Auszug der Einordnung der NP-vollständigen Probleme und deren Reduzierung, wobei im nachfolgenden lediglich „HAMILTON → TSP" betrachtet wird, die Reduzierung von „HAMILTON" auf TSP.

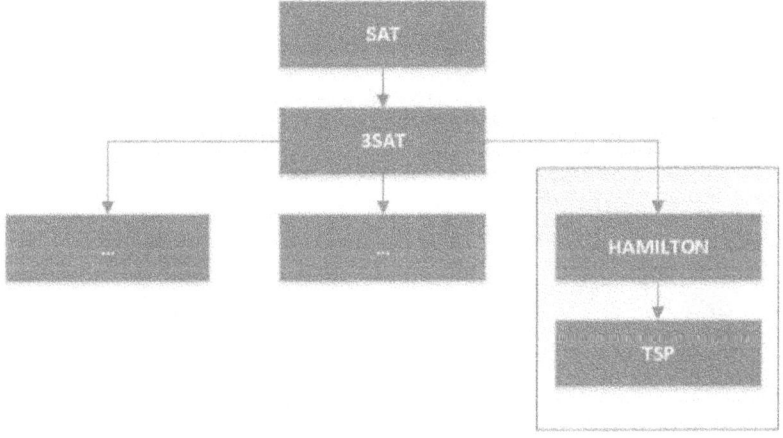

Abbildung 3 – Hierarchie der NP-vollständigen Probleme

Als Grundlage wird die Kenntnis genutzt, dass nach dem Satz von Cook „SAT" ein NP-vollständiges Problem ist und Richard M. Karp 1972 bewies, dass der Hamiltonkreis, „HAMILTON" (kurz HAM), ebenfalls NP-vollständig ist und von „SAT" reduzierbar ist. Dass das TSP auch in NP liegt, ein NP-vollständiges Problem (und somit auch NP-hart/-schwer) ist und von HAM aus reduziert werden kann, soll nachstehend erklärt und dargestellt werden. Der erste Fakt ist, dass alle möglichen Permutationen der Entfernungen zwischen den Punkten bzw. Städten in einer Rundreise ausprobiert werden müssen, um den optimalen bzw. kürzesten Weg zu finden. Als zweites wird die Reduktion veranschaulicht, indem wir zwei Graphen darstellen. $G_{HAM} = (V, E)$ für das Hamilton-Problem und $G_{TSP} = (V_{TSP}, E_{TSP})$ für das Problem des Handlungsreisenden. Dadurch soll gezeigt werden, dass es in G_{HAM} genau dann einen hamiltonischen Kreis gibt, wenn es in G_{TSP} eine Tour mit

Gesamtkosten $\leq c$ gibt, wobei c die Anzahl der Knoten in G_{HAM} darstellt. Es wird V_{TSP} gleich V gesetzt und E_{TSP} der Gesamtheit aller möglichen Kanten zwischen den Knoten V_{TSP}. Des Weiteren werden die einzelnen Kanten in E_{TSP} so gewichtet, dass k gleich 1 ist, sofern sie auch in G_{HAM} vorhanden ist. Sollte k nur in G_{TSP} liegen, erhält sie den Wert 2. Würde ein Algorithmus, der dieses Entscheidungsproblem in polynomieller Zeit lösen könnte, mit dem Vergleichswert c in G_{TSP} eine optimale Route finden, dann wäre diese Route der G_{HAM}, da nur Kanten mit dem Gewicht 1 für die Lösung genutzt werden würden. Somit ist jede optimale Tour ein Hamiltonkreis bzw. enthält ein Graph G_{TSP} einen Graph G_{HAM} und die Reduzierung von „HAMILTON → TSP" ist gegeben. [WEI01, Seite 8-9] [SOC01, Seite 179] [HLW01, Seite 724]

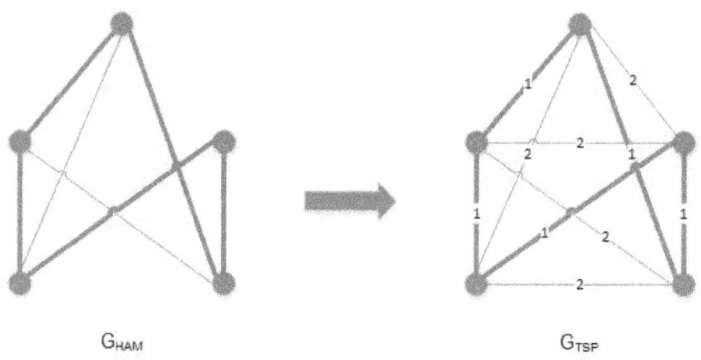

G$_{HAM}$ G$_{TSP}$

Abbildung 4 – Reduzierung von HAMILTON auf TSP

2.3. Asymmetrisches, symmetrisches und metrisches TSP

Das allgemein asymmetrische Problem des Handlungsreisenden ist eine Verallgemeinerung des symmetrischen TSP. Es sagt aus, dass es unterschiedliche Hin- und Rückwege zwischen zwei Knoten geben kann. Bei einer realen Städtereise zwischen einer Stadt i und einer Stadt j kann es vorkommen, dass die Strecken von Hin- und Rückweg nicht dieselbe sind. Dies kann durch Baustellen, Straßensperrungen und daraus resultierenden Einbahnstraßen oder Umwege zustande kommen. Daher besteht beim asymmetrischen TSP die Notwendigkeit eines gerichteten Graphen und einer Richtungsangabe für diesen Graph. Beim symmetrischen TSP hingegen sind die Kantenlängen zwischen zwei Knoten in beide

Richtungen identisch. Somit hat jede Tour in beide Richtungen dieselbe Länge und es ergibt sich $c_{ij} = c_{ji}$ für alle i, j. Der symmetrische Fall des TSP wird i.d.R. mit einem ungerichteten Graphen modelliert. Die Symmetrie halbiert somit die möglichen Lösungen $(n - 1)!$ und es ergeben sich $\frac{1}{2} \times (n - 1)!$ mögliche Lösungstouren.

Für das metrische TSP (auch als Δ-TSP bekannt, ein Spezialfall des TSP) gelten folgende Bedingungen:

(1) $c_{ij} = c_{ji}$ (Die Symmetrie muss bestehen.)

(2) Unterschiedliche Knoten müssen eine echte positive Kantenlänge zueinander haben und ein Knotenpunkt zu sich selbst einen Abstand von null.

(3) Die Kantenlängen müssen die Dreiecksungleichung erfüllen: $c_{ij} \leq c_{ik} + c_{kj}$. Dies bedeutet in Fall einer Städtereise, dass die direkte Entfernung zwischen der Stadt i und der Stadt j niemals länger sein darf als von i über eine dritte Stadt k zu j. Für das Δ-TSP gilt demnach, dass durch die Kantenlängen, (3), eine metrische Distanzfunktion auf der vorhandenen Knotenmenge definiert wird. Die tatsächlichen Entfernungen zwischen den betrachteten Knoten in der Dreiecksungleichung erfüllen die erwarteten Gegebenheiten. [WEI01, Seite 5] [STE01]

2.4. Hamiltonischer Kreis (Hamiltonkreis) und Euler Weg

Im vorherigen Kapitel wurde bereits der Hamiltonkreis zur Reduzierung auf das TSP erwähnt und grafisch dargestellt. Da es sich um eine weitere Art des TSP handelt und zur Entstehung des Problems des Handlungsreisenden gehört, soll der Hamiltonkreis nachstehend erläutert werden.

Zuvor kann zwischen einem Hamiltonweg oder -pfad (auch bekannt als HP für hamilton path), bei dem jeder Knoten eines Graphen genau einmal vorkommt und dem Hamiltonkreis (auch bekannt als HC für hamilton circuit), bei dem der Endknoten des HP wieder mit dem Anfangsknoten verbunden wird, unterschieden werden. Der Fokus und die Relevanz zum TSP liegen somit bei dem Hamiltonkreis. In der nachstehenden Grafik sind zur Veranschaulichung ein Graph ohne Hamiltonweg oder -kreis (G), ein Graph mit einer zusätzlichen Kante (G_{HP}), welcher dadurch einen Hamiltonweg beinhaltet, und G_{HP}, bei dem End- (Rot) und Startknoten (Grün) verbunden wurden (G_{HC}), welcher dadurch einen Hamiltonkreis beinhaltet, eingezeichnet. [HLW01, Seite 723] [SOC01, Seite 179]

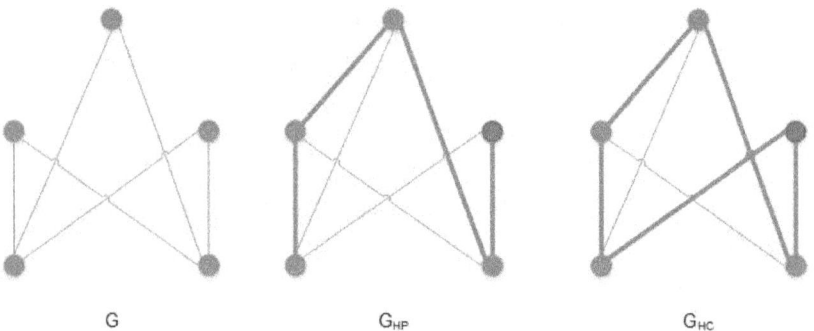

G G_{HP} G_{HC}

Abbildung 5 – Graphen mit Hamilton Kreis und Hamilton Weg und ohne

Im Gegensatz zum Hamiltonkreis bzw. -weg sind beim Eulerkreis bzw. -weg die Kanten und derer Anzahl von Relevanz. Es wird versucht, jeder Kante genau einmal in einem Graphen zu benutzen. Auch wird hier zwischen Eulerweg und Eulerkreis unterschieden, wobei hier selbiges gilt wie bei HP und HC: Bei einem Weg sind Start- und Endknoten verschieden und bei einem Kreis endet die Tour wieder bei dem Startpunkt. Wichtige Merkmale eines Eulerweg sind, dass der Start- und der Endknoten eine ungerade Anzahl an verbundenen Kanten und alle anderen Knoten eine gerade Anzahl an verbundenen Kanten hat. Bei einem Eulerkreis hingegen haben alle Punkte eine gerade Anzahl von Kanten mit denen sie verbunden sind. [COO01, Seite 27-29]

2.5. Multiple-TSP (mTSP) und Vehicle Routing Problem (VRP)

Zu nennen und kurz zu erläutern sind zwei Spezialarten des TSP.

Von dem Namen des Multiple-TSP her lässt sich schon erkennen, dass es sich um einen multiplen Handlungsreisenden handeln muss. Hierbei geht es um mehrere Handlungsreisende, die in demselben Graphen mehrere Rundreisen absolvieren. Dabei werden minimale summierte Kosten für die Touren angestrebt und jede Stadt soll von genau einem Reisenden besucht werden. [WEI01, Seite 6]

Bei dem Vehicle Routing Problem geht es um die Tourenplanung bzw. das Tourenplanungsproblem, eine sehr praktische Art des TSP, welches auf dem Basic Vehicle Routing Problem (BVRP) aufbaut. Hier werden einige Begrifflichkeiten ausgetauscht: Die Knoten sind die Kunden, der Start- und Endpunkt ist das Depot, das Reisen wird zum Beliefern und der Handlungsreisende ist ein Fahrzeug. Es gelten die Nebenbedingungen, dass jeder Kunde auf genau einer Tour besucht wird, das eine Tour beim Depot beginnt und endet und das die Kapazitäten der Fahrzeuge nicht über- oder unterschritten werden. Von dem Depot aus soll eine Menge an Kunden mit einer Menge eines homogenen Gutes beliefert werden. Es steht für diesen Transport eine beliebig große Menge an Fahrzeugen zur Verfügung, die in Ihrer Beschaffenheit bzgl. Ihres Volumens nicht unterschieden werden. Auch bei dieser Spezialart des TSP geht es um die Minimierung der Kosten bzw. Entfernungen für die Touren, wobei jeder Kunde vollständig beliefert wird. Gängige Erweiterungen für das VRP sind die Nutzung von mehreren Depots, bestimmte zu beachtende Zeitfenster (aus Kunden-, Depot-, Fahrer- oder Straßensicht), die Periodizität (z.B. die Wochen- oder Monatsplanung von Montage- oder Lieferunternehmen) und die Nutzung eines heterogenen Fuhrpark (In der Praxis sind i.d.R. die meisten oder alle Fahrzeuges eines Fuhrpark unterschiedlich.). [RIE01, Seite 7-19]

Ob die Kundentouren beim VRP von einem Fahrzeug nacheinander oder von mehreren Fahrzeugen gleichzeitig gefahren werden, hat theoretisch kein allzu großes Gewicht. In der Praxis aber, würde es sich um größere Unternehmen mit mehreren Fahrzeugen handeln, müsste einem solchem Problem entgegengetreten werden. Hier ist die Ähnlichkeit der Grundproblematik zum mTSP wieder zu erkennen.

3. TSP exakt lösen

Nachdem gezeigt wurde, was das Problem des Handlungsreisenden umfasst und wie es einzuordnen ist, sollen in diesem Kapitel die drei bekanntesten Methoden zur exakten Lösung des Problems vorgestellt werden. Diese Algorithmen finden exakte und beweisbare optimale Lösungen, haben aber eine exponentielle Laufzeit.

Unter der Annahme, dass $P \neq NP$ gilt, kann auch kein Polynomialzeitalgorithmus für eine exakte Lösung existieren. [HOF07] [WEI10]

3.1. Brute Force

Der einfachste und naheliegeste Vorgang, um eine exakte Lösung für einen beliebig großen TSP zu erhalten, ist das Bestimmen und Vergleichen aller möglichen Touren zwischen den vorhandenen Punkten, um so die günstigste Rundreise zu erhalten. Diese Methode wird „Brute Force" genannt (auch als Holzhammer-Methode bekannt). Das Bestimmen eines Minimums ist scheinbar in Polynomialzeit möglich, doch die Anzahl der Lösungen wächst proportional zu $n!$ und der Zeitbedarf exponentiell an. Wie bereits in 2.3. gezeigt wurde handelt es sich um $(n-1)!$ bzw. $\frac{1}{2} \times (n-1)!$ mögliche Lösungen. Um sich dieses Wachstum vorstellen zu können und zu zeigen, wie ineffektiv dieses Verfahren für vergleichsweise kleine Instanzen ist, soll ein Beispiel betrachtet werden. Gehen wir von einem symmetrischen TSP und einem Computer, der pro Sekunde eine Quadrilliarde (d.h. 10^{27}) mögliche Lösungen generieren kann, aus. Um eine optimale Rundreise durch Deutschland über die Hauptstädte der 16 Bundesländer zu erhalten, würde dieser Computer

$$\frac{\frac{1}{2}\times(16-1)!}{10^{27}} \approx 0{,}654$$ Femtosekunden (10^{-15} Sekunden) benötigen, um alle

Möglichkeiten aufzuzeigen. Durch eine so hohe Rechenleistung würde ein sehr geringer Aufwand an Zeit benötigt werden. Würde diese Anzahl aber verdoppelt werden, so würde dieser Computer bereits länger als 47 Tage benötigen. Bei 50 Städten wären es dann schon über 9×10^{28} Jahre, die dieser Computer zum berechnen aller Möglichkeiten benötigen würde. Somit ist die Brute Force Methode zwar eine exakte und einfache Lösungsmöglichkeit, aber keine effiziente Variante. [NÖH01, Seite 23] [WEI01, Seite 11] [NÄH01, Seite 2-3]

3.2. Dynamische Programmierung

Eine schnellere Möglichkeit, um das Problem des Handlungsreisenden exakt zu lösen, bietet die in der Informatik verbreitete Technik der Rekursion bzw. eine spezielle Variante: die dynamische Programmierung. Bei diesem Verfahren wird ein Problem in mehrere Teilprobleme aufgeteilt, die rekursiv gelöst werden. Durch die Lösung der Teilprobleme soll eine Lösung für das Hauptproblem zusammengeführt werden. Es werden zunächst nur kleinere Probleme von dem Algorithmus bearbeitet. Anschließend wird die Lösung immer weiter auf größere Teilmengen des vorliegenden Problems ausgebreitet. Die dynamische Programmierung löst die Teilprobleme somit aufsteigend, beginnend mit dem kleinsten Teilproblem. Die Lösungen der Teilprobleme werden in einer Tabelle so lange gespeichert, wie sie benötigt werden, um keine wiederholten Berechnungen von bereits gelösten Teilproblemen durchzuführen. Diese zu erzeugende Tabelle besteht aus n Zeilen für n Städte und für jede Teilmenge eine Spalte, demnach maximal 2^n. Dadurch entsteht eine Tabelle mit maximal $n \times 2^n$ Einträgen. Für jeden Eintrag in dieser

Tabelle wird eine Minimumsuche über n Werte durchgeführt, wodurch die Instanzen des TSP in $n^2 \times 2^n$ Operationen zu lösen ist. Diese Ordnung $O(n^2 \times 2^n)$ ist zwar immer noch exponentiell, aber wesentlich besser als $n!$. Das Hauptproblem der dynamischen Programmierung liegt in dem Speicherbedarf für die Tabelle der Teillösungen, da diese exponentiell viel Platz benötigt, und in der effizienten Zwischenspeicherung und Zugriffsweise auf diese Ergebnisse. Die dynamische Programmierung gilt dann als anwendbar, wenn für das vorliegende Problem das Optimalprinzip gilt, welches besagt, dass jede in der optimalen Gesamtlösung vorkommende Teillösung eines Teilproblems die optimale Lösung für das jeweilige Teilproblem ist. Um die bessere Laufzeit zu Brute Force zu zeigen, soll ein Vergleich stattfinden. Für diesen Vergleich wird angenommen, dass ein Computer eine Operation, also die Erstellung einer möglichen Rundreise, in einer Nanosekunde errechnen kann und ein symmetrischer TSP zu lösen gilt. Somit wären bei einer Reise durch die 16 Bundeshauptstädte von Deutschland bei $\frac{1}{2} \times (n-1)!$ möglichen Lösungen, insgesamt 653.837.184.000 Rundreisen für Brute Force zu betrachten. Demnach würde die Berechnung 653.837.184.000 Nanosekunden $\approx$ 653,8372 Sekunden (knapp über 10 Minuten) dauern. Bei der dynamischen Programmierung hingegen wären bei 16 Städten nur 16.777.216 Berechnungen notwendig, wofür derselbe Computer nur 0,0168 Sekunden benötigen würde. Es müsste aber eine Tabelle mit 1.048.576 Einträgen erzeugt werden. [WEI01, Seite 11-12] [NÄH01, Seite 3-5] [HOF02, Seite 307-316]

3.3. Branch and Bound

Bei dem Branch and Bound Verfahren handelt es sich, wie bei den beiden vorherigen Methoden, um eine Aufzählungsmethode aller möglichen Lösungen. Es werden alle möglichen Touren aufgeteilt und als Knoten eines Entscheidungsbaums abgebildet. Der grobe Anfang einer solchen Aufführung kann wie folgt aussehen:

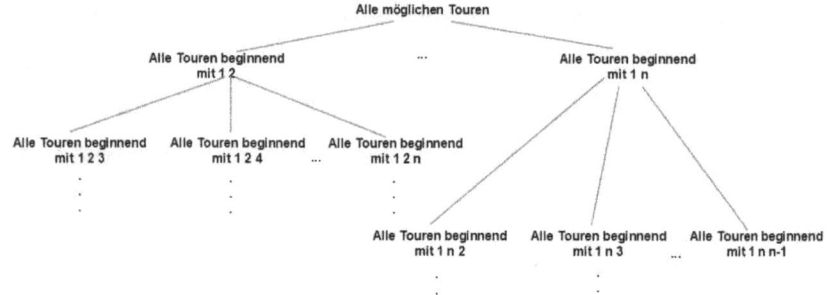

Abbildung 6 – Branch and Bound Beispiel

Bei dieser Veranschaulichung werden die Städte einer Rundreise als Zahlen deklariert und eine mögliche Tour würde dann mit $1\,2$ oder bis $1\,n$ beginnen und darunter immer die nächste Ebene der jeweiligen Tour, z.B. bis $1\,2\,n$ bzw. $1\,n\,n-1$, bilden. Der Startpunkt ist 1 und gleichzeitig der Endpunkt, um eine komplette Rundreise des TSP zu erhalten. Nach diesem Schema würde ein Entscheidungsbaum aller möglichen Rundreisen eines TSP aufgebaut werden. Nachdem dieser Baum aufgestellt wurde, wird ein „Bound", eine obere Abschätzung/Schranke, für die optimale Tour, beginnend mit $bound = \infty$, gesetzt und mitführend aktualisiert. Mögliche Lösungen die diesen Wert überschreiten werden aus dem Baum, also mitunter ganze Teilbäume, entfernt. Wird demnach ein Anfangsstück einer Tour erzeugt, deren Gewicht dem aktuellen Bound überschreitet, brauchen alle Touren mit diesem Anfangsstück nicht weiter bearbeitet werden. Wird ein Anfangsstück mit $\leq bound$ gefunden, wird dieser Teil als temporärere optimale Lösung vermerkt und dieses Gewicht als neuen Wert für den Bound gesetzt. So schreitet das Verfahren voran um die optimale Lösung zu erzeugen. Im schlechtesten Fall erzeugt dieser Algorithmus alle $(n-1)!$ mögliche Lösungen bis es zu einer optimalen Tour führt. In der Praxis jedoch soll dieses Verfahren sehr effizient für Probleme sein, die einen Lösungsraum von mindestens exponentieller Größe aufweisen, da schnell Folgen von ineffizienter Bound-Größe ermittelt und aus dem Baum entfernt werden. Die Zeitkomplexität bleibt demnach mindestens exponentiell zu der Gesamtheit der Knoten des TSP. [HOF02, Seite 331-336]

4. Approximierbarkeit des TSP

Im vorherigen Kapitel wurden Algorithmen mit exponentieller Laufzeit zur exakten und beweisbaren optimalen Lösung von dem Problem des Handlungsreisenden vorgestellt. Für viele Probleme, so auch das Problem des Handlungsreisenden, wurden bisher leider keine effizienten, zur Eingabegröße polynomieller Laufzeit, Lösungsverfahren für eine exakte Lösung, bzw. in diesem Fall optimale Rundreise, gefunden. Daher gibt man sich mit Näherungsverfahren zufrieden, da diese mitunter in einem zeitlich geringen Aufwand sehr gute, dem Optimum sehr naheliegende, Lösungen erbringen - mindestens jedoch akzeptable Lösungen erzeugen. In diesem Kapitel sollen diese Approximationsalgorithmen, so genannte Heuristiken, zur Näherung an eine optimale Lösung, vorgestellt und an eigenen Beispielen erläutert werden. Diese heuristischen Verfahren lassen sich im Allgemeinen in Eröffnungs- und Verbesserungsverfahren aufteilen. Die Eröffnungsheuristiken beginnen bei einem zu lösenden TSP sozusagen bei null, wohingegen Verbesserungsheuristiken eine Lösung aus einer Eröffnungsheuristik als Grundlage nehmen, um diese bisherige Lösung zu optimieren. Für das metrische TSP existieren allerdings auch polynomielle Heuristiken, die Lösungen von schlechtesten falls 1,5- oder 2-mal länger als das Optimum ausgeben. Auch kann hier der Begriff der Metaheuristik genannt werden, welches im Grunde eine heuristische Methode darstellt, die eine weitere heuristische Methode zur Lösung eines Problems gestaltet (zum Ende von Unterkapitel 4.6. findet solch ein Verfahren Erwähnung). [HOF01, Seite 266] [WEI01, Seite 10-11] [STE01]

4.1. Nearest Neighbor und Greedy

Bei dem Nearest Neighbor Verfahren handelt es sich um eine intuitive und einfache, aber auch schnelle, Heuristik. Ziel dieses Verfahren ist es immer den günstigsten bzw. dichtesten Nachbarn eines Knoten anzusteuern und somit immer ein lokales Optimum, bezogen auf den gerade betrachteten Punkt, zu finden, welches später zu einem globalen Optimum führen soll.

Zu Beginn sind alle Knoten unbesucht, dann wird wie folgt vorgegangen:

1. Es wird ein beliebiger Startpunkt gewählt.

2. Suche den nächstliegenden noch unbesuchten Punkt und besuche diesen Punkt.

3. Wurden alle Knoten in dem Graph besucht?

   Nein: Gehe wieder zu 2.

   Ja: Verbinde den zuletzt besuchten Punkt mit dem Startpunkt und terminiere.

Das Verfahren terminiert auf jeden Fall, da ein TSP-Graph endlich ist. Durch die Variabilität des Startpunktes können die Lösungen dieses Verfahren stark voneinander abweichen. So kann sehr schnell eine gute Lösung gefunden, aber auch eine beliebig schlechte Lösung erzeugt werden. Da immer nur der nächste Knoten und der Graph nicht weitsichtig als Ganzes betrachtet werden, wird auch nicht darauf geachtet, die Gesamtlänge der Tour möglichst gering zu halten. Von Bedeutung sind ausschließlich die minimal gewählten momentanen Schrittkosten. Mit dem Ergebnis: Die Güte der resultierenden Lösung ist vom Zufall abhängig, da sich nicht vorhersehen lässt, welcher Knoten sich als optimaler Startpunkt erweist. Als Beispiel kann hier die TSPLIB Instanz „berlin52" angeführt werden, bei der mit Concorde ein Nearest Neighbor Durchgang ~8,47% vom Optimum, laut der TSPLIB-Liste [REI01], entfernt liegt und ein weiterer Durchlauf beispielsweise bei ~35,27% liegt. Die Laufzeit von $O(n^2)$ resultiert daraus, da Schritt 2. so oft ausgeführt wird, wie es Städte gibt, also n-mal und bei jeder Iteration $O(n)$ Distanzen berechnet werden müssen. Für den Nearest Neighbor gilt die obere Schranke $(1 + \log(n))\,/2$ wenn die Dreiecksungleichung gilt und symmetrische Kosten vorhanden sind. Dies bedeutet, dass beim Nearest Neighbor die Kosten einer Rundreise niemals schlechter als $(1 + \log(n))\,/2$ der optimalen Kosten sein werden. [COO01, Seite 65-67] [WEI01, Seite 12-13] [NÖH01, Seite 13-15]

Anhand des nachfolgenden Beispiels für das Nearest Neighbor Verfahren soll gezeigt werden, dass dieses Verfahren für den jeweils gewählten Startpunkt eine optimale Tour ermittelt.

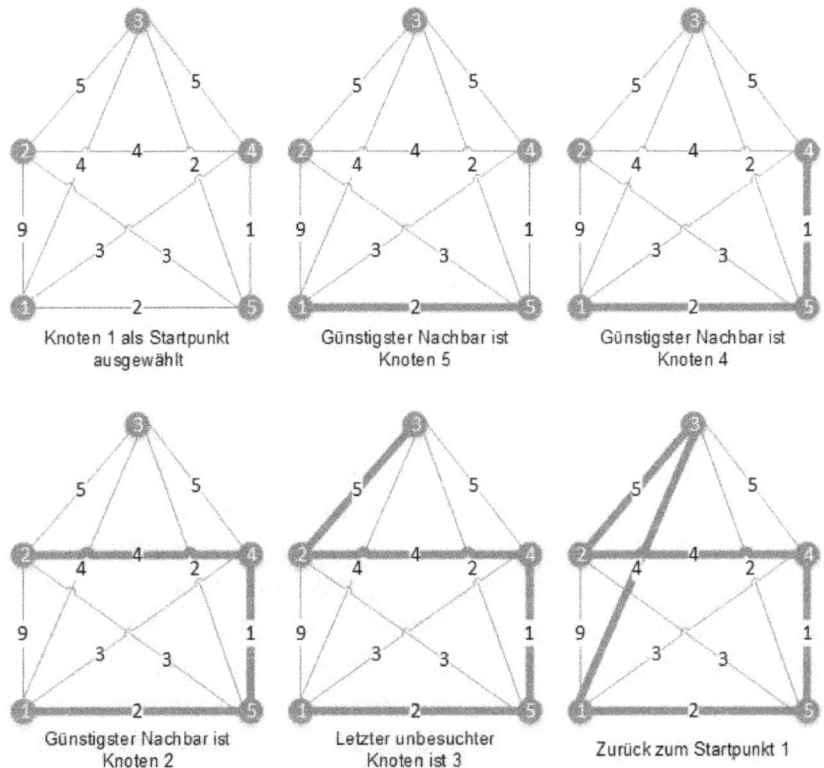

Abbildung 7 – Nearest Neighbor Beispiel 1

Hier wird durch die Nearest Neighbor Heuristik die Tour (154231) mit Kosten i.h.v. 16 Einheiten gewählt. Vergleicht man diese mit den möglichen Touren

(154231), (154321), (153421), (153241), (152341), (152431),

(145321), (145231), (143521), (142531), (134521), (135421)

und den möglichen Kosten

(16), (22), (22), (16), (18), (18), (20), (16), (21), (16), (22), (20),

so wird erkenntlich, dass diese Heuristik durch das Suchen eines lokalen Optimums eines der möglichen globalen Optima eines gewählten Startpunktes aus ermittelt.

Ein weiteres Schaubild eines Graphen soll die Variabilität der Ergebnisse unter der Wahl des Startpunktes verdeutlichen:

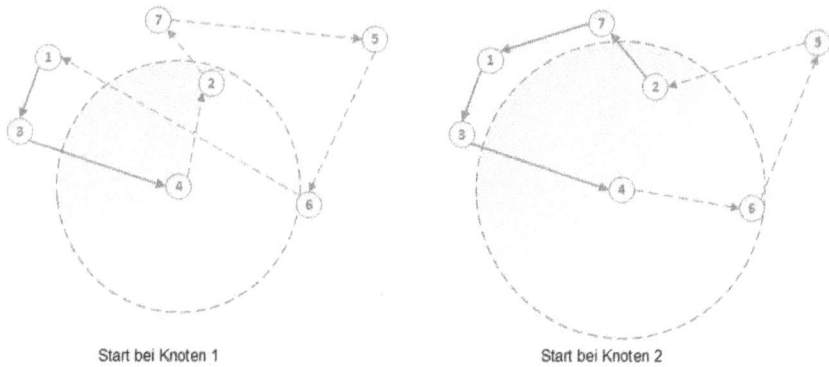

Start bei Knoten 1   Start bei Knoten 2

Abbildung 8 – Nearest Neighbor Beispiel 2

Bei der ersten Grafik wurde der 1. Knoten als Startpunkt gewählt. Gelangt die Reise zum Knoten Nummer 4, wird als nächstliegender Nachbar der Knoten 2 ausgewählt und die Tour, durch die gestrichelten Pfeile, beendet. Obwohl absehbar ist, sofern alle Knoten betrachtet werden, dass eine weitere Reise über den Punkt 6 sinnvoller wäre, da die Knoten 2 und 7 nach der 6 und 5, auf dem Weg zurück zum Start, sozusagen „auf dem Weg liegend", besucht würden. An dieser Stelle sei zudem zu erwähnen, dass in einer optimalen Tour keine Kantenüberschneidungen vorkommen sollten. In der 2. Grafik wurde nun der Knotenpunkt 2 als Beginn der Rundreise gewählt. Hier würde es eine bessere Lösung geben, weil alle lokalen Optima, in Bezug auf die Betrachtung des gesamten Graphen, eine optimale Gesamtlösung erzeugen.

Verfahren wie die Nearest Neighbor Heuristik werden als eine gierige Vorgehensweise betitelt. Das Greedy (zu Deutsch: gierig) Verfahren hingegen verbindet gleichzeitig mehrere Subpfade, wo immer kürzeste Wege gefunden werden. Bis letztendlich eventuell eine vollständige Tour entsteht. Die Ergebnisse bei dem Greedy Algorithmus werden nie schlechter als $(\frac{1}{2} + \log(n))/2$ vom Optimum abweichen, sofern die Dreiecksungleichung gilt. [COO01, Seite 67-68] [NÖH01, Seite 13-15]

4.2. Insertion Heuristiken

Bei den sogenannten Insertion Heuristiken handelt es sich um Einfüge-Algorithmen, die nach Cook [COO01, Seite 68-70] wie folgt unterteilt werden: Cheapest-, Nearest-, Farthest- und Random-Insertion. Auch Einfüge-Algorithmen gelten als gierige Verfahren. Bei allen Insertion-Arten wird mit einer Subtour von zwei oder auch drei Knoten begonnen und nach und nach weitere Knoten hinzugefügt, um zu einer vollständigen Rundreise zu gelangen. Die Unterschiede gestalten sich durch verschiedene Auswahlkriterien bei dem Erstellen der Subtour und dem Hinzufügen von weiteren Knoten in die bereits vorhandene Subtour. Laut Cook [COO01, Seite 68-70] wird bei der Cheapest-Insertion der Startpunkt der Subtour mit den beiden Knoten gebildet, zwischen denen der geringste Kantenwert existiert. Bzw. wird das Verfahren gestartet, nachdem ein Startpunkt gewählt und dieser mit einem Knoten mit dem kleinsten Kantengewicht zum Startpunkt verbunden wurde. Die weiteren Punkte werden so hinzugefügt, dass sie die entstehende Tour so kurz wie möglich halten. Da der günstigste Weg aber auch der kürzeste Weg in einer Rundreise ist, ist die gewählte Begrifflichkeit bzw. die Bezeichnung als eigenes Verfahren eher unpassend. Denn der Punkt, der das kleinste Kantengewicht zu einem anderen Punkt hat, ist sein nächster Nachbar (Nearest Neighbor). Eine Insertion Heuristik besteht nämlich aus einem „Selection"- (zu Deutsch: Auswahl-) und dem „Insertion"- (zu Deutsch: Einfüge-) Teil. Cheapest-Insertion definiert das Einfüge-Kriterium eines neuen Knotens in die Subtour und ist somit Bestandteil von Nearest-, Farthest- und Random-Insertion. Das definierte Einfüge-Kriterium lässt sich wie folgt darstellen: $\min = c_{ik} + c_{kj} - c_{ij}$. Der Unterschied dieser drei Heuristiken liegt daher in der „Selection" des nächsten, der Subtour hinzuzufügenden, Knoten. [COO01, Seite 68-70] [NÖH01, Seite 15-16] [MPP01]

Anhand der nachfolgenden Bebilderung und Beschreibung soll das Verfahren der Nearest (zu Deutsch: am Dichtesten) Insertion genauer dargestellt werden.
In Abbildung 9 wird der Knoten 1 als Startpunkt ausgewählt, der dichteste Nachbar, die Nummer 3, ausgewählt und eine Tour, Hin- und Rückreise zu den beiden Punkten, erstellt. Nun wird der dichteste Nachbar zu Punkt 3 gesucht, welcher die 7 ist.

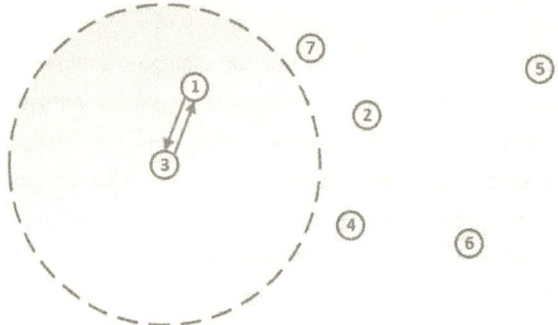

Abbildung 9 – Nearest Insertion Beispiel Bild 1

In der nächsten Abbildung wurde nun die 7 zur Subtour hinzugefügt und es entsteht die gezeigte Tour. Der nächste Knotenpunkt ist die 2, dieser liegt am dichtesten zu der 7. Danach folgt die 4, da dieser Knoten naheliegend zur 2 ist.

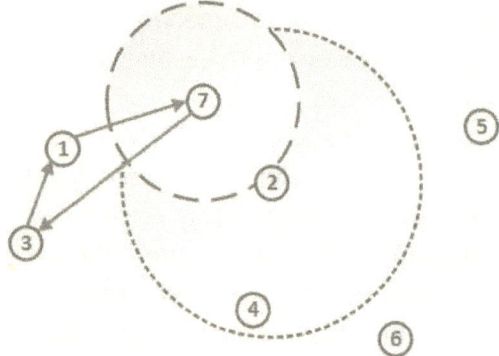

Abbildung 10 – Nearest Insertion Beispiel Bild 2

Nun besteht die Tour aus 5 Punkten, wie in Abbildung 11 zu sehen ist. Es wird weiter vorgegangen wie zu vor und so lässt sich der 6. Knoten als nächste Nachbar identifizieren.

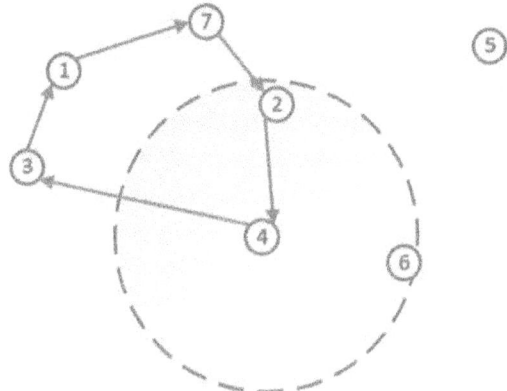

Abbildung 11 – Nearest Insertion Beispiel Bild 3

Hinzuzufügen bleibt nun nur noch die Nummer 5. Diese wird zwischen Nummer 2 und 6 eingefügt, dass die 5 der dichteste Nachbar zur 6 ist bzw. die günstigste Einfüge-Möglichkeit zwischen der 2 und der 6 ist. Aus diesen Schritten resultiert die in Abbildung 12 gezeigte Rundreise. Bei dem gewählten Beispiel bringen die Nearest Neighbor Heuristik und Nearest Insertion Heuristik dasselbe optische Ergebnis, nur in andere Laufrichtung. Der nächste Nachbar wird in Bezug auf den in die Subtour zuletzt hinzugefügten Knotens ermittelt. Laut Cook [COO01, Seite 68-70] und Malik et al. [MPP01] kann aber ein beliebiger Punkt aus der Subtour gewählt werden.

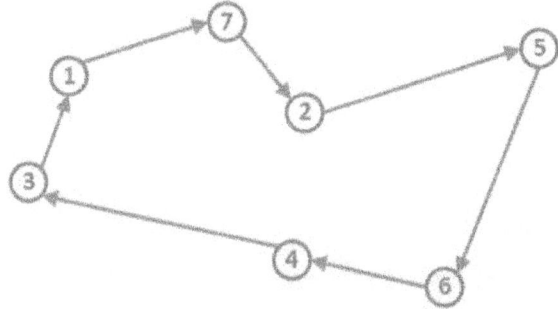

Abbildung 12 – Nearest Insertion Beispiel Bild 4

Bei der Farthest (zu Deutsch: am Weitesten) Insertion hingegen wird genau andersherum vorgegangen, denn hier wird, wie sich bereits durch den Namen ableiten lässt, nicht der nächste Knoten, sondern der weit entfernteste Knoten in Bezug auf die Subtour gesucht. [COO01, Seite 68-70] [MPP01]

Das gleiche Szenario mit der Farthest Insertion ist in Abbildung 13 zu sehen. Hier wird von Knoten 1 eine Hin- und Rückreise zu Nummer 5 als Beginn der Subtour gewählt, da dieser Knoten am weitesten vom Startpunkt entfernt liegt (Quadrant 1). Als möglicher nächster Knoten kommt die Nummer 6 in Frage, da dieser Punkt am weitesten von der 1 und 5 entfernt ist (Quadrant 2). Im 3. Quadranten ist zu sehen, dass die 3, als entferntester Nachbar von 5-6, und die 2, der entfernteste Punkt zur 3-1 Kante, der Tour als nächstes hinzugefügt werden, um dann im 4. Quadranten nach dem Hinzufügen von Nummer 4 und 7 eine komplette Rundreise zu erzeugen. Der 4. Knoten war am weitesten von der Kante 6-1 entfernt und der letzte Punkt zum Hinzufügen ist die 7 gewesen.

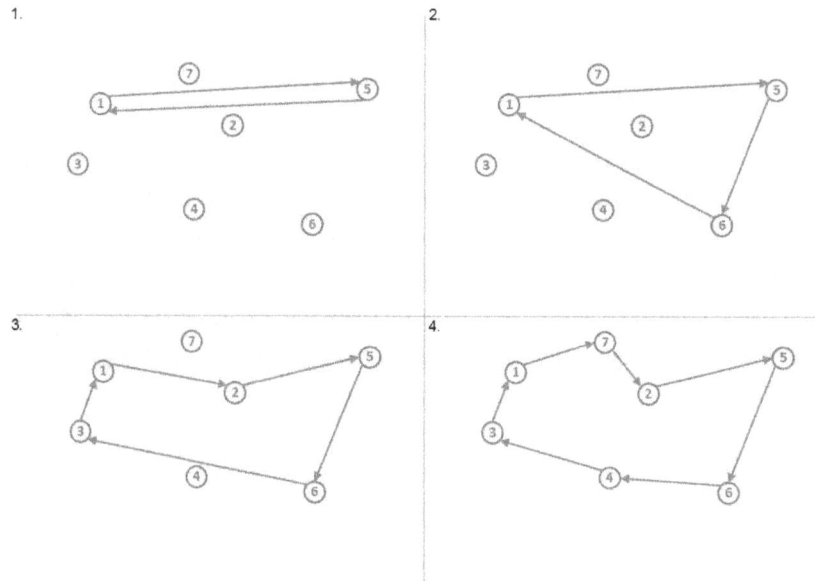

Abbildung 13 – Farthest Insertion Beispiel

Zu sehen ist, dass sich die Subtour bei dem Erstehungsvorgang zu einer kompletten Rundreise sehr unterscheidet, aber durchaus zu einem selben Ergebnis kommen kann. In diesem Beispiel liegt es an dem Einfüge-Kriterium der Cheapest-Insertion.

Wie auch bei der Nearest Neighbor Heuristik können Nearest- und Farthest-Insertion unterschiedliche Ergebnisse bei unterschiedlichen Startpunkten liefern.

Bei der Random (zu Deutsch: zufällig) Insertion folgt die Auswahl keinem bestimmten Muster, sondern bestimmt den nächsten Punkt per Zufall. Hier werden die ersten beiden oder drei Punkte der Subtour zufällig ausgewählt und jeder weitere Knoten, unter Beachtung des Einfüge-Kriteriums der Cheapest Insertion, der Subtour hinzugefügt, bis eine komplette Rundreise entsteht. Bei den vorherigen beiden Insertion-Heuristiken wird, wie bei der Nearest Neighbor Heuristik, immer nur der nachfolgende Knoten betrachtet ohne den Vorgänger zu beachten und somit kommt es häufig vor, dass der Startpunkt und der zuletzt hinzugefügte Knoten ungünstig weit auseinander liegen, es aber keine andere Möglichkeit mehr für die Tour gibt sich zu schließen (siehe Abbildung 8, 1. Graph). Random-Insertion betrachtet aber die Distanz zwischen Vorgänger und Nachfolger und versucht einen bestmöglichen Kompromiss zu wählen, um eine optimale Rundreise zu erzeugen. [COO01, Seite 68-70] [NÖH01, Seite 15-16]

Nachfolgend das bekannte Szenario mit einer möglichen Random-Insertion Lösung.

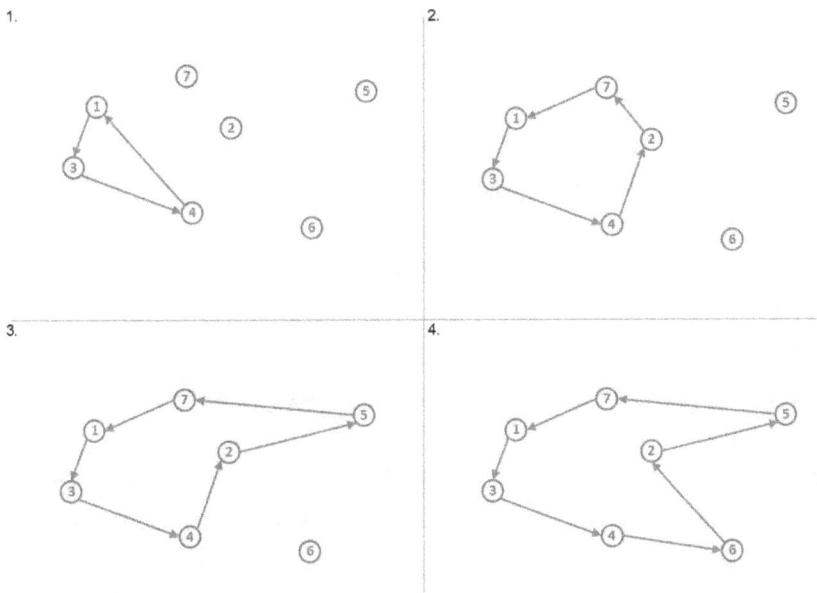

Abbildung 14 – Random Insertion Beispiel

Die Laufzeit bei Nearest-, Farthest- und Random-Insertion liegt bei $O(n^2)$ und resultiert daraus, dass jeder „Selection" und „Insertion" so oft ausgeführt wird, wie es Knoten gibt, also n-mal und bei jeder Iteration müssen $O(n)$ Distanzen berechnet werden. Laut Cook [COO01, Seite 68-70] liefert Nearest-Insertion Ergebnisse, die nicht länger als das doppelte Optimum sind, wobei Farthest-Insertion eine $\log(n)$

Garantie bieten soll. Random-Insertion hat eine Worst-Case-Leistung von $\log(n) +$ 1. [COO01, Seite 68-70] [NÖH01, Seite 15-16] [MPP01] [BOL01, Seite 2-3]

4.3. Minimum Spanning Tree (MST)

Bei der Minimum Spanning Tree Heuristik (kurz MST-Heuristik) ist der Grundgedanke, einen minimalen Spannbaum (In Englisch: Minimum Spanning Tree, kurz MST) für die Bildung einer Rundreise zu nutzen. Diese Überlegung resultiert aus dem Fakt, dass solch ein Baum aus den kleinsten vorhandenen Kantengewichten gebildet wird. Somit wird eine Vorauswahl an Kanten für die spätere, evtl. optimale, Tour gebildet, von denen eine unbestimmte Anzahl übernommen werden kann. Hierbei handelt es sich um einen 2-approximativen Algorithmus für das metrische TSP, also ein Verfahren, welches in polynomieller Zeit ein Ergebnis liefern kann, welches höchstens zweimal länger als die optimale Tour ist. Der Vorgang dieses Verfahren lässt sich wie folgt gliedern:

1. Es wird ein minimaler Spannbaum T von G erzeugt (Dies lässt sich in Polynomialzeit z.B. mit dem Algorithmus von Kruskal oder dem Algorithmus von Prim bewerkstelligen).

2. Die Kanten in T werden verdoppelt und es entsteht ein Multigraph (ein Graph, der zwischen zwei Knoten mehr als eine Kante mit demselben Gewicht besitzt).

3. Ein beliebiger Startpunkt in T wird gewählt und von dort aus ein Eulerkreis K bestimmt. Effiziente Algorithmen für eine Eulertour wären z.B. der Algorithmus von Fleury oder der Algorithmus von Hierholzer.

4. Alle Kanten in K, die zu bereits besuchten Knoten führen, werden entfernt und alle noch nicht besuchten Knoten werden mit einer neuen Kante der Tour hinzugefügt. Immer ein Knoten nach dem anderen, welcher im Eulerkreis an nächster Stelle kommen würde. Daraus resultiert der Graph K'. [COO01, Seite 70-72] [NÖH01, Seite 17-19] [WEI01, Seite 13-15]

Zu 3.: Durch die Verdoppelung der Kanten wird auch der Grad jedes Knoten verdoppelt und somit besitzt jeder Knoten eine gerade Anzahl an Kanten und der Graph ist daher eulersch und somit existiert auch ein Eulerkreis.

Als Beispiel zur MST-Heuristik wurde wieder eine Knotenansammlung von 7 Knoten im bekannten Schema genommen. Auch wurde hier auf Kantengewichte verzichtet, um die Anschaulichkeit zum Verständnis bestmöglich zu halten:

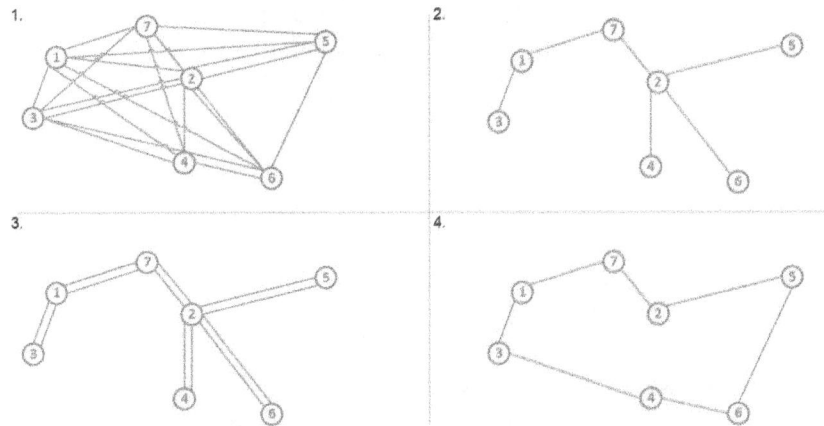

Abbildung 15 – Minimum Spanning Tree Beispiel 1

Als erstes wurden alle möglichen Verbindungen der Punkte eingezeichnet (1. Quadrant) und dann, beginnend bei Punkt 1, ein möglicher minimaler Spannbaum aufgebaut (2. Quadrant). Dieser MST könnte je nach Algorithmus und Kantengewicht auch anders ausfallen. Danach wurden alle vorhandenen Kanten verdoppelt (3. Quadrant) und anschließend der Graph K' gebildet (Quadrant 4). Der Startpunkt der Tour ist Punkt 1 und wird dann beginnend mit Nummer 7 nach und nach aufgebaut. Nach Punkt 7 kommt die 2 und anschließend die 5. Demnach konnten die zweiten Kanten von 1-7, 7-2 und 2-5 entfernt werden, da diese Knoten besucht wurden. Da der Punkt 2 bereits besucht wurde, wurden die Kanten von Punkt 4 und 6 zu Punkt 2 entfernt. Von der 5 wird eine Kante zur 6 eingefügt. Danach zieht sich die Tour durch neue Kanten über die 4 und 3 weiter, bis es von der 3 zurück zum Startpunkt geht und dort dann auch nur noch eine Kanten zwischen 3-1 existiert.

Durch vorkommende Verzweigungen im MST können auch ungünstigere Entscheidungen für einen Weg getroffen werden, da die Lösung nicht eindeutig aus der Eulertour bestimmt werden kann. [NÖH01, Seite 17-19]

Angenommen werden kann, dass beim vorherigen Beispiel mit dem Startpunkt 1 die Nummer 3 als nächster Knoten gewählt werden würde. Dann wäre wohlmöglich der Knoten Nummer 4 als nächster Punkt ausgewählt worden und es käme an dieser Stelle zu dem Graphen im 1. Quadranten der nachfolgenden Grafik. Danach würde die vorhandene Kante zur 2 und als nächste Möglichkeit die Nummer 6 genommen werden. Von der 6 würde wieder eine neue Kante zum Punkt 5 eingefügt werden müssen. Von dort aus würden die vorhanden Kanten bis zum Startpunkt genommen werden, um den endgültigen Graphen aus Quadrant 2 zu erhalten.

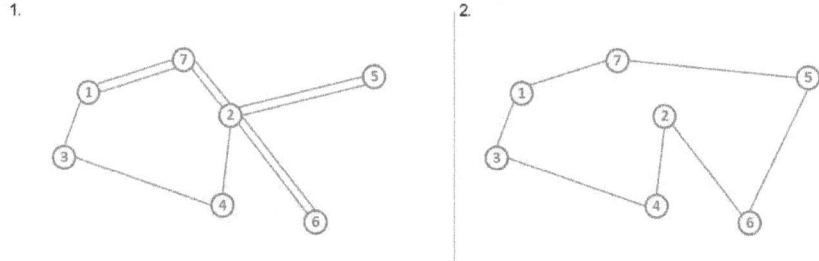

Abbildung 16 – Minimum Spanning Tree Beispiel 2

Bei diesem Beispiel würde eine andere Tour entstehen, die sich nur minimal unterscheidet und ein optisch gesehen schlechteres Ergebnis liefert. Wobei bei beiden Graphen genau vier Kanten aus dem MST übernommen wurden.

Da K' jeden vorhanden Knoten genau einmal besucht und zum Ausgangspunkt zurückkehrt, ist K' eine mögliche TSP-Tour. Da der MST alle günstigsten Kantengewichte zwischen zwei Knoten beinhaltet, kann eine TSP-Tour niemals günstiger als der MST sein. Daher gilt: $cost(T) \leq opt(G)$. Durch die Verdoppelung aus 2. resultiert für die Kosten von K: $cost(K) = 2 * cost(T)$. Demnach folgt $2 * cost(T) \leq 2 * opt(G)$. Da es sich um einen metrischen TSP handelt und somit die Dreiecksungleichung gilt, kann das Überspringen, also das Hinzufügen einer neuen Kante zwischen zwei Punkten, die Tour nicht verschlechtern. Es gilt demzufolge $cost(K') \leq cost(K) = 2 * cost(T) \leq 2 * opt(G)$ und lässt sich wie folgt reduzieren: $cost(K') \leq 2 * opt(G)$. Somit sei gezeigt, dass die obere Schranke bzw. die Approximationsgüte für diesen Algorithmus bei 2 liegt bzw. das 2-fache Optimum beträgt. [NÖH01, Seite 17-19] [WEI01, Seite 13-15]

Die Laufzeit für die MST-Heuristik liegt bei $O(n^2)$, da alle vier Schritte des Verfahrens in Polynomialzeit lösbar sind. [NÖH01, Seite 17-19] [BOL01, Seite 2-3]

4.4. Christofides

Als nächstes wird die Heuristik von Christofides (auch Christofides Algorithmus genannt) vorgestellt. Sie beinhaltet ein ähnliches Vorgehen wie die MST-Heuristik und benutzt ebenfalls für die Vorauswahl und Beginn einen minimalen Spannbaum. Dieses Verfahren besitzt aber eine Approximationsgüte von 1,5 für das metrische TSP.

Dieser Spannbaum kann wieder mit den genannten Algorithmen aus 4.3. erzeugt werden. Auch wird hier wieder ein Multigraph erzeugt, doch dieses Mal nicht durch das Verdoppeln jeder Kante, sondern durch das Finden von perfekten Matchings zwischen zwei Knotenpunkten aller vorhandenen Knoten mit ungeraden Grad und dem Hinzufügen dieser Kanten zu dem MST. Eine sehr treffende Beschreibung für das perfekte Matching beschreibt Nöhring wie folgt:

> *„Ein Matching eines Graphen $G = (V, E)$ ist eine Teilmenge $M \subseteq E$, so dass die inzidenten Knoten aller Kanten aus M paarweise disjunkt sind, jeder Knoten aus V also nur mit höchstens einer Kante aus M inzident.*
> *M heißt perfekt, wenn zusätzlich gilt: $|M| = \frac{|V|}{2}$, also wenn jeder Knoten aus V mit genau einer Kante aus M inzident.*
> *Das Gesamtgewicht eines Matchings ist die Summe seiner Kantengewichte.*
> *Ein gewichtsminimales perfektes Matching M eines Graphen G ist ein Matching, so dass kein anderes Matching M' von G existiert mit geringerem Gesamtgewicht als M."[NÖH01, Seite 20]*

Es werden alle ungeraden Knoten miteinander verbunden und nun alle Kanten gesucht, die einen der ungeraden Knoten mit maximal einen weiteren dieser Knoten verbindet und ein minimales Gewicht besitzen bis alle ungeraden Knoten Paare bilden. Jetzt wird durch den, anders als bei der MST-Heuristik, erzeugten Multigraphen versucht eine Eulertour zu finden, umso zu einer Lösung und Rundreise über alle Knoten zu kommen. Schrittweise lässt sich das Verfahren wie folgt gliedern:

1. Es wird ein minimaler Spannbaum $T = (V, E_T)$ von G erzeugt.

2. Sei die Menge $V' = \{v \in V \mid v \text{ hat ungeraden Grad in } T\} \subseteq$, ein Set aus Knoten mit ungeraden Grad in T.

3. Gefunden werden soll nun ein perfektes Matching M im Subgraph von G - inkludiert durch V'. Daraus resultiert ein Multigraph $H = V, E_T \cup M)$.

4. Erzeuge einen Eulerkreis K auf den Kanten in H und entferne alle Kanten, die einen Knoten mehrmals besuchen würden. Demnach sind auch die Kanten, die

durch das perfekte Matching entstanden sind aber bereits in T vorhanden waren, zu entfernen Der daraus entstehende Graph sei K'.

Zu 3.: Der Multigraph H besitzt somit durch den MST und das perfekte Matching nur gerade Knoten und ist somit eulersch und 4. ist durchführbar.

Zu 4.: Da K' jeden vorhanden Knoten genau einmal besucht und zum Ausgangspunkt zurückkehrt ist K' eine mögliche TSP-Tour. Wie auch bei der MST-Heuristik, ist auch hier bei der Eulertour der vorgeschriebene Weg bei Verzweigungen nicht genau definiert.

Laut Vöcking [VÖC01, Seite 7-11] existiert auf jeden Fall ein perfektes Matching in V', da dieser ebenfalls gerade und vollständig ist. Das perfekte Matching, also in Polynomialzeit ein perfektes Matching mit minimalen Kosten zu erzeugen, in einem MST geht auf J. Edmond und dem daraus entstandenen Algorithmus von Edmond zurück. (Dies soll erwähnt, aber nicht genauer erläutert werden.) N. Christofides hat diesen vollständigen Prozess, die Kombination eines MST und dem Vorgehen von Edmond und Euler zum ersten Mal im Jahr 1976 erbracht und vorgestellt. Die Laufzeit für dieses Verfahren ist, wie bei der MST-Heuristik, von mehreren Teilvorgängen abhängig. 1. und 2. sind effizient in Polynomialzeit lösbar, so auch 4., das Erzeugen einer Eulertour und das Entfernen von doppelten Kanten bzw. das Entfernen von wiederholt besuchten Knoten (siehe 4.3. MST-Heuristik). Der teuerste Schritt ist 3., dieser ist mit dem Algorithmus von Edmond in $O(n^4)$ möglich, doch gibt es Verbesserungen dieses Vorgehens (z.B. der Kuhn-Munkres Algorithmus oder Gabow's Algorithmus), die das Finden eines perfekten Matching in $O(n^3)$ berwerkstelligen. Zu erwähnen sei, dass es ein Verfahren für das perfekte Matching von M. und R. Wattenhofer gibt, welches in $O(n^2 \log n)$ ein perfektes Matching, welches nicht $\log n$-mal schwerer als das gewichtsminimale Matching ist, finden kann.[WAT01] Daraus erfolgt eine Gesamtlaufzeit für die Heuristik von Christofides i.H.v. $O(n^3)$ für eine Lösung mit exakten Matching und $O(n^2 \log n)$ für eine Lösung mit approximativen Matching. Wie bei der MST-Heuristik gilt auch hier nach wie vor $cost(T) \leq opt(G)$.

Sei I eine optimale Rundreise durch einen Graphen. So enthält diese Tour einen Kreis I' der alle Knoten aus V' beinhaltet, indem alle Knoten in I, die nicht zu V'

gehören, übersprungen werden. Da die Dreiecksungleichung gilt, ist dieses Überspringen maximal genauso teuer wie der Weg über die entfernten Knoten. Daraus folgt: $cost(I') \leq cost(I)$. I' kann in zwei perfekte Matchings unterteilt werden, indem jede zweite Kante aus I' für ein zweites perfektes Matching genutzt wird. Eines dieser beiden Matching hat höchstens die gleiche Größe wie das andere Matching → $\frac{1}{2} * cost(I') \leq \frac{1}{2} * cost(I) = \frac{1}{2} * opt$. Somit hat das günstigste perfekte Matching aus V' maximal die Kosten von der Hälfte des Optimums. So lässt sich folgende Reduktion auf die Kosten der Eulertour herstellen: $cost(H) \leq$ $cost(M) + cost(T) \leq opt + \frac{1}{2} * opt = \frac{3}{2} * opt$. Kein Algorithmus liefert in Polynomialzeit eine bessere Worst-Case-Garantie (Ergebnisse sind schlechtesten falls 1,5-mal so groß wie das Optimum) als der Algorithmus von Christofides. [COO01, Seite 72-75] [NÖH01, Seite 19-22] [WEI01, Seite 15-17] [HOF01, Seite 289-292]

Anhand des nachfolgenden Beispiels soll die Durchführung des Christofides Algorithmus veranschaulicht werden:

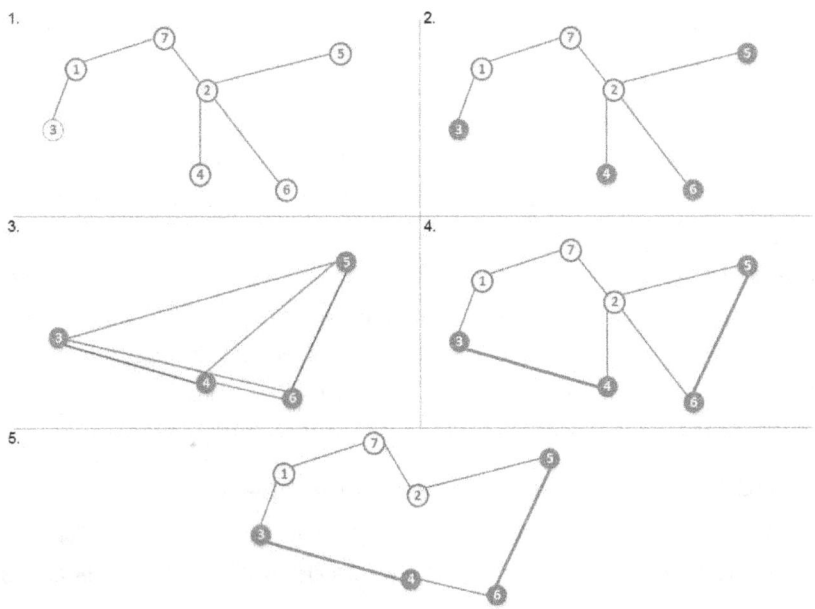

Abbildung 17 – Christofides Beispiel

31

Für dieses Beispiel wird das bekannte Schema genommen und der erzeugte MST aus 4.3 genutzt (Quadrant 1). Nun werden alle Knoten mit ungeradem Grad identifiziert (Quadrant 2) und alle miteinander durch Kanten verbunden. Anschließend werden die besten Kanten gewählt, die die vier Knoten paarweise verbinden (Quadrant 3). In diesem Fall sind es Knoten 3 mit 4 und Knoten 5 mit 6, da sie die insgesamt die beste Wahl sind. Als nächstes werden die beiden gewählten Kanten in den vorherigen MST eingefügt um den Multigraph herzustellen (Quadrant 4). Zuletzt wird nun die Eulertour hergestellt und bereits besuchte Knoten entfernt. Somit erhalten wir den hier (Quadrant 5) gezeigten Graphen: eine mögliche TSP-Tour. Begonnen wurde bei dem Knoten 1 als Starpunkt weiterführend über die 3 zur 4. Hier wurde der Weg direkt zu Knoten 6 genommen, anstatt über die 2, da diese Strecke laut der geltenden Dreiecksungleichung kürzer ist. Danach führt der Weg über die restlichen Knoten und vorhandenen Kanten zur Startpunkt zurück.

4.5. K-Opt Verbesserungsverfahren

Als Verbesserungsverfahren werden Verfahren bezeichnet, denen bereits eine TSP-Lösung (z.B. aus einem Nearest Neighbor Vorgang) zu Grunde liegen, um diese durch ein weiteres Verfahren zu verbessern - sofern dies möglich ist. Ein erster naheliegender Gedanke ist, vorhandene Kanten oder Knotenverbindungen zu entfernen und durch andere, bessere zu ersetzen. Solch ein Vorgehen wird als „k-opt move" (zu Deutsch: k-Optimum-Bewegung, eine k schrittweise Bewegung zum Optimum) bezeichnet, wobei k für die Anzahl der auf einmal zu ersetzenden Kanten steht. Somit ist ein 2-opt-move ein Vorgang, bei dem zwei Kanten aus einem TSP-Graphen entfernt werden und die daraus entstehenden zwei Teilgraphen durch andere Knotenverbindungen ersetzt werden. Dies geschieht aber nur, wenn dieser Vorgang die Tour auch verbessert, demnach die Gesamtkosten der Tour senkt. Ein 3-opt-move hingegen entfernt gleich drei Kanten auf einmal und versucht durch das Einfügen von 3 neuen Kanten eine Tour-Verbesserung zu erzeugen. [COO01, Seite 77-78] [STE01]

Natürlich stößt k auch irgendwann an seine maximale Grenze, denn es könnte auch mit 4- oder 5-opt-moves weitergemacht werden. Laut Steinfeld [STE01] liegt das praktische angewandte k bei 5. Laut Cook [COO01, Seite 79] sind Werte über 3 unpraktisch bzw. auch irgendwann unmöglich.

Ein sehr gutes Beispiel für die Möglichkeiten eines 2-opt move ist ein Nearest Neighbor Ergebnis, startend bei der Stadt Phoenix, USA, für den 42-Städte-TSP aus „dantzig42" (siehe Abbildung 1). Die Gesamtkosten liegen bei diesem Ergebnis bei 1.013 Einheiten (das Optimum für dantzig42 liegt bei 699 Einheiten) und durch 27-maliges Wiederholen eines 2-opt-moves liegt das ursprüngliche Nearest Neighbor Ergebnis nun nur noch 8% vom Optimum entfernt (Gesamtkosten 758 Einheiten). [COO01, Seite 77-78]

In der nachfolgenden Abbildung soll der 2-opt-move anhand der Nearest Neighbor Lösung, welche bei Punkt 1 begann (4.1. Abbildung 8) dargestellt werden. Hier sei noch einmal erwähnt, dass für euklidische Instanzen gilt, dass eine optimale Tour sich niemals selbst kreuzt. So würde bei dem 2-opt-move genau diese Überkreuzung von zwei Kanten (1. Quadrant) als zu entfernende Kanten gewählt werden und nach dem Entfernen werden die beiden Teilgraphen (2. Quadrant) mit zwei neuen Kanten wieder zu einer kompletten Rundreise (3. Quadrant) vervollständigt.

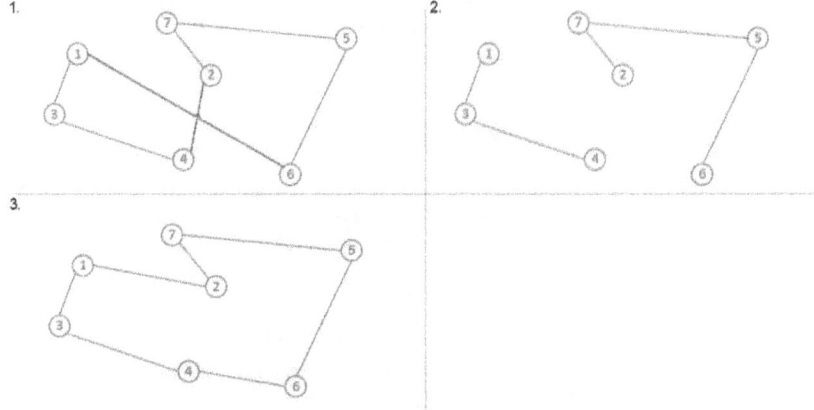

Abbildung 18 – 2-opt-move Beispiel

In der Abbildung 19 wird das Ergebnis aus der 18. Abbildung als Basis für einen 3-opt-move genutzt. Das Vorgehen ist das selbige, nur mit drei anstatt zwei Kanten.

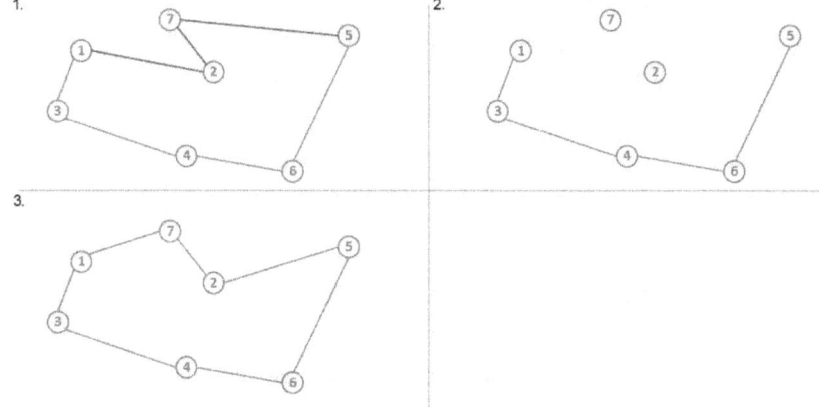

Abbildung 19 – 3-opt-move Beispiel

4.6. Lin-Kernighan (LK) und Lin-Kernighan-Helsgaun (LKH)

Der Lin-Kernighan (kurz LK) Algorithmus von Shen Lin und Brian Kernighan sucht nach dem „k-opt move" und benötigt, wie für ein Verbesserungsverfahren unabdingbar, eine zu optimierende Rundreise. Der Algorithmus kann in folgenden Schritten dargestellt werden:

1. Bilde einen Kreis mit allen Knoten und Kanten der vorliegenden Tour.

2. Wähle einen Startpunkt aus.

3. Gehe über eine der beiden Kanten zum nächsten Punkt und markiere diese Kante Rot.

4. Von diesem Punkt aus bilde eine neue, nicht in der Tour enthaltene Kante zu einem gegenüberliegenden Punkt und färbe die Kante Blau.

5. Entferne nun eine Kante der Tour, die den durch die neue blaue Kante erreichten Punkt mit dem ursprünglichen Kreis verbunden hat.

6. Der nun nur noch mit einer Kante verbundene Knoten wird mit dem Startpunkt verknüpft um den Kreis wieder zu schließen.

7. Hat die blaue Kante ein geringeres Gewicht als die rote Kante bzw. die Gesamtheit der blauen Kanten ein geringeres Gewicht als alle roten Kanten?

> Ja: Dann wiederhole das Prozedere ab 3., wobei der neue Startpunkt der vorherige Endpunkt der blauen Linie und die rot zu markierende Kante die zuvor entfernte Kante ist.

Nein: Mache den vorherigen Schritt rückgängig und wähle einen anderen Punkt bzw. Startpunkt oder beende das Verfahren.

Somit wird ersichtlich, dass das Ziel darin liegt die roten durch die besseren blauen Kanten zu ersetzen. Nach jedem opt-move wird demnach geprüft, ob es eine Verbesserung gibt oder nicht und nur fortgefahren wenn die Tour verbessert wird. Handelt es sich um eine Verbesserung wird das Ergebnis notiert und weiter optimiert. Das Verfahren 7.: [Ja] wird solange durchgeführt, bis es keine mehr zu betrachtende Kanten gibt oder wegen Zeitbedenken der Algorithmus angehalten wird. Danach wird der Weg zurückverfolgt und auf früheren Ebenen nach anderen möglichen blauen Kanten gesucht, die die Tour verbessern können. Am Ende dieser Suche werden die ergiebigsten Einsparungen in die Tour aufgenommen und bei der verbesserten Tour das Verfahren erneut angewandt. Wenn es keine weiteren Verbesserungen gibt, wird die Starttour genommen und das Vorgehen mit einem neuen Startpunkt wiederholt um evtl. ein besseres Ergebnis zu erzielen. [COO01, Seite 79-82]

Für die Veranschaulichung wurden wieder sieben Punkte wie aus den vorherigen Beispielen genommen:

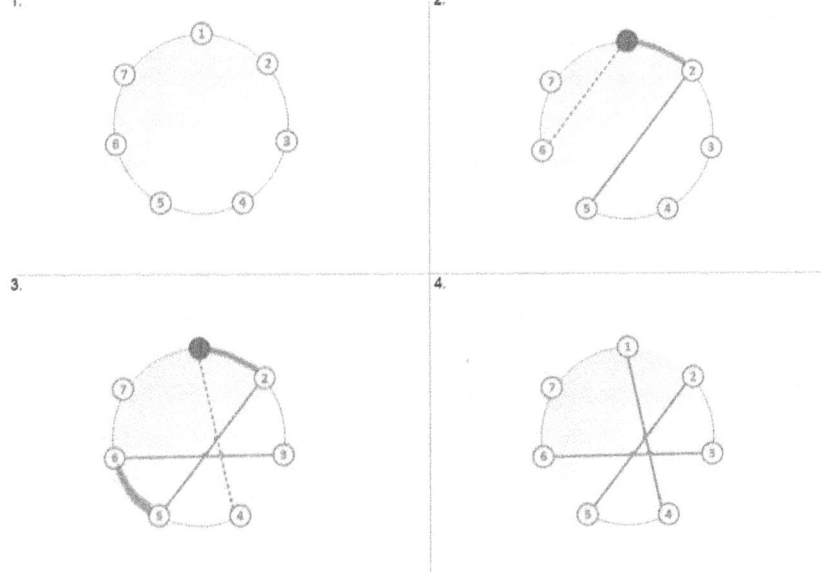

Abbildung 20 – Lin-Kernighan Beispiel

Im 1. Quadranten sind die sieben Punkte zu einem geschlossenen Kreis angeordnet. In dem darauffolgenden Quadranten wurde Punkt 1 als Startknoten gewählt, die Kante zu Punkt 2 rotgefärbt und danach mit einer neuen blauen Kanten zu Punkt 5 weitergegangen. Die naheliegende Kante zu 6 wurde entfernt und von 6 zum Startpunkt eine Kante zum Schließen des Kreises eingefügt. Es wurde die Annahme getroffen, dass diese blaue Kante kürzer als die rote Kante ist und im 3. Quadranten das Verfahren weitergeführt wird. Die Kante zwischen 5 und 6 wurde wieder hinzugefügt und rot gefärbt, als gegenüberliegender Punkt wurde Nummer 3 gewählt und von 6 zu 3 eine blaue Kante eingefügt. Danach wurde die Kante zu 4 entfernt und der Kreis von der 4 zurück zur 1 wieder geschlossen. Würde angenommen werden, dass dies das Ende der Verbesserung ist, würde die optimierte Tour, in der Kreisform, wie im letzten Quadranten aussehen.

Lin und Kernighan arbeiteten mittlerweile über 40 Jahre an diesem Vorgehen, um es so präzise wie möglich zu machen und um sehr gute Städtereisen mit über 10 Millionen Städten zu erzeugen. Nach [COO01, Seite 79-82] soll die Anzahl der Iterationen für kleine bis mittlere TSP-Probleme nahezu Eins betragen und dieses Verfahren leider keine gute Worst-Case-Garantie bieten. Basierend auf Instanzen, die der Dreiecksungleichung entsprechen, soll bei wiederholten 2-opt-moves die garantierte Lösung nicht schlechter als $4\sqrt{n}$ mal länger als eine optimale Tour sein. [COO01, Seite 79-82]

Nach der Vorstellung des LK Algorithmus gab es einige kleine Verbesserungen und Implementierungen, doch 1998 erschien dann die veränderte Version von Keld Helsgaun, welcher das Suchverfahren im Kern des Algorithmus veränderte. Die Suche im Algorithmus von Lin und Kernighan kann als 2-opt-moves verstanden werden. Es handelt sich um die rote und die blaue Kante in dem Verfahren. Unter Anderem wird durch die Abbildung 17 unterstrichen, dass es nur eine weitere Verbindungsmöglichkeit für vier Knoten gibt, wenn zwei Kanten entfernt werden. Bei dem Lin-Kernighan-Helsgaun (kurz LKH) Verfahren hingegen wird ein 5-opt-move verwendet und somit gleich 10 Kanten betrachtet, fünf rote und fünf blaue Kanten. Somit gibt es 148 Möglichkeiten diese miteinander neu zu verbinden. Helsgaun wirkte gegen die hohe Wahrscheinlichkeit einer enormen Verlangsamung des Algorithmus damit entgegen, dass die 10 Kanten betrachtet werden, die höchstwahrscheinlich bei einer Schritt für Schritt Herangehensweise entstanden wären - sofern außer Acht gelassen wird, dass bei jedem Schritt die blauen Kanten günstiger als die roten Kanten sein müssen. Dadurch können Verbesserungen erzeugt werden, die vorher nicht möglich waren. Keld Helsgaun schrieb für sein LKH Verfahren selbst eine Software um eine effiziente und korrekte Implementierung zu ermöglichen. Und setzte damit einen neuen Standard in der Tourenfindung. In diesem Code wurden alle 148 Möglichkeiten für die neuen Kantenmöglichkeiten in einer Liste zusammengetragen, welches eine einfache aber auch effiziente Möglichkeit für die Umsetzung der möglichen Varianten darstellt. Auf die Frage, warum es bei einem 5-opt-move letztendlich geblieben ist, kann mit der einfachen Hochrechnung der zu betrachtenden Möglichkeiten geantwortet werden; Bei einem 6-opt-move sind es bereits 1.358 und bei einem 9-opt-move ganze 2.998.656 Möglichkeiten, die in Betracht gezogen werden müssten. Die praktische Performanz beläuft sich bei 100 Städten auf unter eine Sekunde und bei 1000 Städten auf weniger als eine Minute. Um zu zeigen was alles mit dem LKH Algorithmus möglich ist, stellte Helsgaun im Jahr 2004 den neuen Rekord über 24.978 Städte auf, 2006 einen über 85.900 Städte. Und seit 2008 bringen weitere Anpassungen und Verbesserungen die World TSP Rekorde auf höhere Level. Eines seiner Upgrades ermöglichte es den Nutzern sogar die Größe der Schritte, welche zusammengeführt werden sollen, zu spezifizieren. D. Applegate schrieb einen Code in der Programmiersprache C, der alle Wiederverbindungen, die behandelt werden müssen, in einer Liste ausgibt. Ein Code, der einen Code erzeugt. Dies wäre eine Alternative zu der direkten Liste in dem LKH Algorithmus. Aber: Dadurch wurde bei steigendem k des k-opt-move klar, dass es Unmengen an Codezeilen benötigt werden und somit große Speicherkapazitäten und hohe Lauf- und Compilierzeiten erwartet werden können. Bei einem 6-opt-move handelt es sich um 120.228 Zeilen und einem 8-opt-move um 17.919.296 Zeilen. Zudem würde noch die Umsetzung in eine maschinentaugliche Form ausstehen. [COO01, Seite 82-84]

5. Fazit und Ausblick

In dieser Arbeit wurde zusammengetragen, was das Problem des Handlungsreisenden alles umfasst und wie komplex dieses altbekannte Problem ist. Es wurde die Einordnung in die NP-vollständige Klasse der theoretischen Informatik gezeigt und die bekanntesten und erfolgreichsten Verfahren für exakte und approximative Lösungen vorgestellt und anhand von Beispielen erläutert. Es existieren noch viele weitere Lösungsverfahren bzw. angepasste Versionen von bereits bekannten Verfahren und weitreichende neue Ideen zum Lösen des Traveling Salesman Problem. Durch Methoden und Algorithmen wie das Simulated Annealing, welches aus dem Bereich der Physik stammt, genetische Algorithmen, bei denen evolutionäre Prozesse nachgeahmt werden, oder Ant Colonies und der Ant Colony Optimization (ACO), bei denen Ameisenagenten die Kanten eines Graphen ablaufen, wurde die Suche nach Lösungsansätzen für das Problem des Handlungsreisenden auch auf andere Bereiche abseits der theoretischen Informatik und Mathematik ausgeweitet.

Das Problem des Handlungsreisenden existiert schon seit Jahrzenten und spielt nicht nur in der theoretischen Informatik eine große und vor allem bekannte Rolle. Sei es der Postdienstleister, der die Briefe und Pakete ausliefert, die Steigerung der Produktivität von Maschinen, die Mikrochips herstellen, oder eine Reise mit dem eigenen PKW, geleitet von einem Navigationssystem, dahinter stecken Rundreisen, die in einer möglichst kurzen Zeit oder Entfernung möglichst effizient absolviert werden sollen.

Neben der exakten Lösung, dem Finden einer optimalen Tour in exponentieller Laufzeit, gibt es auch sehr gute Näherungslösungen in polynomieller Zeit. Für das metrische TSP sogar mit einer Garantie, dass das Ergebnis höchstens das 1,5fache vom Optimum abweichen wird. Die Frage ob $P = NP$ oder $P \neq NP$ gilt, hat für viele Bereiche der theoretischen Informatik und darüber hinaus eine wesentliche Bedeutung, so auch für das Problem des Handlungsreisenden. Es spricht vieles für $P \neq NP$, doch sollte $P = NP$ gelten, wäre die Möglichkeit gegeben, dass es einen exakten Polynomialzeit (zumindest in nicht exponentieller Laufzeit) Algorithmus geben könnte.

7. Literaturverzeichnis

[BOL01]   **Barnett, A., Odoni, A., Larson, R.**: Logistical and Transportation
             Planning Methods - Some Important Heuristics for the TSP, Lecture
             Notes, Massachusetts Institute Of Technology, 2006

[COO01]   **Cook, W. J.**: In Pursuit of the Traveling Salesman, Princeton University
             Press, Oxfordshire, 2012

[COO02]   **Cook, W.J.**: Solving TSPs – World TSP, 2011,
             http://www.math.uwaterloo.ca/tsp/world/index.html, Zuletzt aufgerufen:
             06.09.2013

[COO03]   **Cook, W.J.**: TSP – Milestones in the Solution of TSP instances, 2005,
             http://www.math.uwaterloo.ca/tsp/history/milestone.html, Zuletzt
             aufgerufen: 06.09.2013

[COO04]   **Cook, W.J.**: TSP – Concorde TSP Solver, 2011,
             http://www.math.uwaterloo.ca/tsp/concorde/index.html, Zuletzt
             aufgerufen: 06.09.2013

[HLW01]   **Herold, H., Lurz, B., Wohlrab, J.**: Grundlagen der Informatik, Pearson
             Studium, 2. Auflage, 2012

[HOF01]   **Hoffmann, U.**: Grundlagen und Modelle der Programmierung,
             Lehmanns Media GmbH, 2013

[HOF02]   **Hoffmann, U.**: Datenstrukturen und Algorithmen, Final 23: 3 (ISSN
             0939-8821), 2013

[SÖG01]   **Schöning, U.**: Theoretische Informatik – kurz gefasst, Spektrum –
             AKADEMISCHER VERLAG, 5. Auflage, Ulm, 2008

[SOC01]   **Socher, R.**: Theoretische Grundlagen der Informatik, Hanser, 3.
             Auflage, 2008, Seite 179

[STE01]   **Steinfeld, T.**: Problem des Handlungsreisenden, 2013,
             http://www.mathepedia.de/Problem_des_Handlungsreisenden.aspx,
             Zuletzt aufgerufen: 06.09.2013

[REI01]   **Reinelt, G.**: Optimal solutions for symmetric TSPs, 2007,
             http://www.iwr.uni-
             heidelberg.de/groups/comopt/software/TSPLIB95/STSP.html, Zuletzt
             aufgerufen: 06.09.2013

[REI02]   **Reinelt, G.**: Optimal solutions for symmetric TSPs, 2007,
             http://www.iwr.uni-
             heidelberg.de/groups/comopt/software/TSPLIB95.html, Zuletzt
             aufgerufen: 06.09.2013

[RIE01]   **Riebling, F.**: Logistische Tourenplanung auf der Basis hierarchischer
             Kunden-Clusterungen, Universität Regensburg, 2006

[MPP01]   **Malik, H., Malik, O., Peter, A., Pütz, A.**: Travelling Salesman Problem,
             1999, http://www.informatik.uni-
             trier.de/~naeher/Professur/PROJECTS/SS07/gruppe4/, Zuletzt
             aufgerufen: 12.08.2013

[NÄH01]   **Näher, S.**: 40. Algorithmus der Woche Das Travelling Salesman
             Problem oder die optimale Tour für den Nikolaus, Universität Trier, 2006

[NÖH01]   **Nöhring, F.**: Traveling Salesman Problem – Vergleich von Heuristiken
             zur Lösung des Problems des Handlungsreisenden, Leibniz Universität
             Hannover, 2007

[VÖC01]   **Vöcking, B.**: Einführung in Approximationsalgorithmen:
             Optimierungsprobleme auf Graphen und Metriken. Effiziente
             Algorithmen, …, 2007

[WAT01]   **Wattenhofer, M., Wattenhofer, R.**: Fast and Simple Algorithms for
             Weighted Perfect Matching, ETH Zürich, 2004

[WEI01]   **Weingarten, F.**: Traveling Salesman Problem – Einführung zum
             Problem des Handlungsreisenden, RWTH Aachen, 2008

8. Abbildungsverzeichnis

Abbildung 1 – Tabellarische Historie des TSP   S. 5

Eigene Abbildung nach [COO01, Seite 1-18] & [COO03]

Abbildung 2 – P-NP Darstellung   S. 7

Eigene Abbildung nach [HOF01, Seite 209-228] & [SÖG01, Seite 143-151]

Abbildung 3 – Hierarchie der NP-vollständigen Probleme   S. 9

Eigene Abbildung nach [HLW01, Seite 726]

Abbildung 4 – Reduzierung von HAMILTON auf TSP   S. 10

Eigene Abbildung nach [HLW02, Seite 724]

Abbildung 5 – Graphen mit Hamilton Kreis und Hamilton Weg und ohne   S. 12

Eigene Abbildung nach [SOC01, Seite 179]

Abbildung 6 – Branch and Bound Beispiel   S. 16

Eigene Abbildung nach [HOF02, Seite 331-336]

Abbildung 7 – Nearest Neighbor Beispiel 1   S. 19

Eigene Abbildung nach [COO01, Seite 65-67] [WEI01, Seite 12-13]
[NÖH01, Seite 13-15]

Abbildung 8 – Nearest Neighbor Beispiel 2   S. 20

Eigene Abbildung nach [COO01, Seite 65-67] [WEI01, Seite 12-13]
[NÖH01, Seite 13-15]

Abbildung 9-12 – Nearest Insertion Beispiel Bild 1-4   S. 22-23

Eigene Abbildung nach [COO01, Seite 68-70] [MPP01]

Abbildung 13 – Farthest Insertion Beispiel   S. 24

Eigene Abbildung nach [COO01, Seite 68-70] [MPP01]

Abbildung 14 – Random Insertion Beispiel   S. 25

Eigene Abbildung nach [COO01, Seite 68-70] [NÖH01, Seite 15-16]

Abbildung 15 – Minimum Spanning Tree Beispiel 1   S. 27

Eigene Abbildung nach [COO01, Seite 70-72] [NÖH01, Seite 17-19] [WEI01, Seite 13-15]

Abbildung 16 – Minimum Spanning Tree Beispiel 2   S. 28

Eigene Abbildung nach [NÖH01, Seite 17-19]

Abbildung 17 – Christofides Beispiel   S. 31

Eigene Abbildung nach [COO01. Seite 72-75] [NÖH01, Seite 19-22] [WEI01, Seite 15-17] [HOF01, Seite 289-292]

Abbildung 18 – 2-opt-move Beispiel   S. 33

Eigene Abbildung nach [COO01, Seite 77-78]

Abbildung 19 – 3-opt-move Beispiel   S. 34

Eigene Abbildung nach [COO01, Seite 77-78]

Abbildung 20 – Lin-Kernighan Beispiel   S. 35

Eigene Abbildung nach [COO01, Seite 79-82]